他者と「共にある」とはどういうことか

実感としての「つながり」

藤井真樹［著］

ミネルヴァ書房

本書を推薦します

京都大学名誉教授
鯨岡　峻

本書は著者の藤井真樹さんが二年前に京都大学に提出した博士学位論文を加筆修正して一冊の著書にまとめた大変な労作です。この藤井さんの学位論文は、その年の「京都大学の博士学位論文らしい五本の論文」の一本に選ばれたという栄誉あるもので、学術的に優れた内容のものであることは、そのことからも折り紙付きでしょう。ただし、学術的価値の高い学位論文の多くは、たとえ文系の内容であっても、専門領域に特化した内容のものが多く、一般の人が簡単に読み通せるものではありません。しかし本書は、単に学術的に優れているというだけでなく、一般の読者が自分の生きざまと照らし合わせて読めば、はっと思わされ、納得できる内容が随所に含まれています。

本書のキーワードは、書名にもあるように「つながり」です。それはメールやSNSを介して繋がるというような現代風の意味ではありません。また親子の絆というような意味でもありません。自他の境界が溶け出して自他が混淆するかのような「つながり」、ふわーっとした雰囲気に人と人が包まれるような「つながり」、相手が現前していないときでも感じられるような「つながり」。こうした独特な人と人の「つながり」がどのようなもので、またどのようなときに生まれるのか、というのが著者の最初で唯一の問いです。これは身近な他者と自分との深い関係性を考える際には避けて通ることのできない問いでもあります。

本書は、著者がこの問いをどこまでも追求し、この問いに対して著者なりに答えを見出そうと格闘した結果、生まれたものだと言っても過言ではありません。ではなぜ、著者はこの問いを立てずにはいられなかったのでしょうか。それは序章の中段で仄めかされ、第8章で詳しくエピソードとして紹介される父の闘病生活に、娘である著者がほぼ付きっきりで関わった中で得た体験が下敷きになって生まれた問いです。この第8章をじっくり読めば、なぜその時の体験からこの問いが生まれ、この問いを問わずにはいられなかったのか、またなぜ多くの読者にとっても、わが身を振り返って考えてみる価値のある問いだったのかが分かってくるはずです。

読者が本書を読み通す前にこのような謎解きをしてしまうのは、推薦文の埒を超えていますが、著者がこの問いを立てるに至った経緯には、私もほんの少し関係しているので、その間の事情を少し紹介しておきましょう。藤井さんは奈良女子大を卒業後、当時私が所属していた京都大学の大学院人間・環境学研究科の博士前期課程に入学してきた方でした。その藤井さんが修士一年目の春休みが明けたころ、急に休学を申し出てきました。それは本書の第8章で紹介される父の闘病生活に少しでも関わりたいという理由からでした。急に父に、思いも寄らぬ病気が告知されたことを、動揺を抑えながら休学の理由として私の前で伝えたときの、思い詰めた様子は今でも覚えています。

そのときの体験の中で、それまでのごくありきたりの親―子という関係を超えて、二人で病室にいて、特に言葉をかわすわけでもないのに、それまで感じられたことのない不思議な父との「つながり」の感覚が生まれたこと、それは言葉を介して分かり合う、理解し合うといったことを「つながり」と捉えるようなことではなく、簡単な言葉では言い表せないような独特の雰囲気をもった「あいだ」性としての

「つながり」であったこと、このことを何としても誰かに分かってほしいという強い思いが、本書を貫く通奏低音だといってよいと思います。

この「つながり」の感覚を読者に分かってもらうために、著者は保育園で子どもに関わる中で、この種の「つながり」が生まれる場面をエピソードで描写して、読み手の了解可能性に訴えようとします。中でも、「気になる子」を取り上げた第7章において、関わりにくくて気になっていたTちゃんとの関係性が、関わりの積み重ねを通して次第に「気になる感」が背景化し、そこに独特の「つながり」が生まれてくる経緯を描き出したところは、読み手にもなるほどと思えるところだろうと思います。

さて、第Ⅰ部では、学位論文らしく、「つながり」に関連する先行研究を多数取り上げて、それらの先行研究では著者の言いたい「つながり」には到達し得ないことを精緻に論証し、精神医学の木村敏先生の理論が唯一自分の体験と重なることに触れています。本書の四分の一以上を費やして、この「つながり」を論じるための理論的根拠を踏査する試みは、まさに著者の格闘ぶりが明らかになるところで、学術的価値の高いものであることはいうまでもありません。ただし、著者もまえがきで示唆しているように、確かにここは一般の人には難解かもしれない内容なので、一般読者は第Ⅲ部を読んでから、第Ⅰ部に戻るのが良いかもしれません。

ともあれ、第Ⅲ部を読んだ読者は、この「つながり」という言葉になぜ著者がこだわったかがなるほどと得心がいくでしょう。そしてそれはまた、著者の体験の一人称的な記述がその体験をしていない一般読者にも了解可能であり得るということの証左でもあるでしょう。いま、いろいろな実践領域で自らの実践体験の一人称的記述が試みられるようになってきましたが、そうした実践領域に関心のある人たちにも、本書を是非お勧めしたいと思います。

そしてそこから翻って考えてみると、一般読者を想定した時に、「つながり」の体験への著者の篤い思いを煮詰めていく上で、どこまで第Ⅰ部が必要だったか、という疑問は僅かに残ります。幾多の先行研究を取り上げて、それらがみな自分のかけがえのない体験とは噛み合わないことを精緻に論じるよりも（それは学術的には価値のあることですが）、木村敏先生の理論を導きの糸として、この「つながり」という言葉がぴったり当てはまる著者の体験に近い体験、そうだこれが「つながり」だと言えるような他者の体験を探り、その人の体験と自分の体験との重なりやずれを通して、この「つながり」という概念の奥行をもっと精緻に探査する方が、一般読者にとっても、また新しいパラダイムを志向する領域の学術の在り方にとっても、より高い価値が生まれたのではないかという思いは、かつての指導教官の読後感として、やはり触れておかないわけにはゆかない点でした。

それはともあれ、ここまで最初の問いにこだわり続け、大変な努力を重ねて遂に得心のいく論考をまとめあげた著者に対して、一時期の指導教官として、深い敬意を表します。本書が多くの人に読まれ、読者自身の生を振り返るきっかけになればと願う次第です。

まえがき

私たちにとって、他者とかかわらず一人で生きていくことは難しい。一人の時間を満喫したいときもある一方で、やはり他者と交流することを通してしか得られない楽しさや喜び、充実感もあることも事実であり、他者と何らかのかかわり合いを得ようとする志向性は誰しもがもっているのではないだろうか。

しかし、実際にはこの「他者とかかわり合う」ということに悩みを抱えている人は多いように思う。私の身近にいる学生を見ていても、他者とかかわりながらも、なかなか分かりあえない、孤立感がぬぐえない、一生懸命かかわり合おうとするが馴染めなさが否めない、などといった悩みを抱えながら日々他者と接している学生も少なくない。

数年前から、若者の間では「ひとりぼっち」であることをやや自嘲気味に表す「ぼっち」という言葉が聞かれるようになった。この「ぼっち」は、私が見聞きする限りはネガティブな意味を帯びて使われているようで、そこには、どんなときでも（ひとりではなく）他者と一緒にいることが当然で健全であるということが若者の間で前提にされているような背景が垣間見える。他にも、近年急激によく耳にするようになった「コミュ障」といった言葉もある。学生の間では、「コミュ障」という言葉とあわせて、「絡みにくい」という表現もよく使われる。こうした頻繁に聞かれるようになった言葉からも、人々にとって日々の生活の中で他者とのかかわり合いということがかつてより主題となっていて、そこに生きづらさを抱えている人が少なからず存在することがうかがい知れる。

本書は、こうした、他者関係に何らかの生きづらさや悩みを抱えている人々に読んでもらえれば嬉しい。他者とのかかわり合いの中で、その他者と本当の意味で「共にいる」ということはどういうことだろうか、ということを考えていくものである。他者と一緒にいながら、なかなかその実感が湧かない、とか、相手のことが分かりたいのに分からないという状態に陥っている人にとって、他者との「つながり」とは何かをもう一度考えるきっかけになればと思う。

本書の流れ

以上のような関心を踏まえ、本書では、「他者との実感をもったつながりとは何か」について探ることにしたい。

まず、序章では、本書の中核となる問い（「分かる」こととは別の「つながり」というあり方があるのではないか）が生まれるに至った経緯を記述し、そこでの「分かる」ことや「つながる」ことについての気づきを明らかにする。序章の冒頭で示す「生命の海」のイメージが、実感としての「つながり」ということを考えていく上での原点となっている。

具体的には、その後の他者との「つながり」への問いの出発点となったある一つのエピソードを挙げ、実感を伴った「つながり」という事態を捉えるためには身体という主体を問題にする必要があることを見出している。

第Ⅰ部（第1章・第2章）では、これまで他者と「つながる」とか他者を「分かる」といったいわゆる他者理解と呼ばれるような問題が学問の世界でどのように研究されてきたのかについて概観した上で、それらの問題点を探り、「他者との実感をもったつながりとは何か」という本書の主題を考えていく足場を整える。

まず、第1章では、「共感」および「間主観性」という概念をめぐって為されてきた諸研究を概観する。第2章では、これまでの他者理解研究の問題点を、自他分離の前提の上で、両者の中にある「何か」が一致するという捉え方が為されてきたことと見定め、本書の立場として、まずは自他未分である身体で生きる次元に着目する必要があることを指摘している。その上で、自他未分の「重なり」としての「つながり」のみでなく、絶対的に隔てられた別々の主体と主体の「間」で生じる「つながり」の側面も捉えていくために、木村敏の理論を援用し、人間存在を「ノエマ—ノエシス円環構造」を為す動的な主体と見る見方の必要性を論じる。

第Ⅱ部（第3章〜第5章）では、「実感」という次元にアプローチしていくためには、従来の自然科学の方法では不十分であること、またその上で本書が立つべき（方法論的）態度について明らかにしている。具体的には、研究者自身をも一人の生きつつある生活主体として見て、その身体で感受した事象そのもの（「つながり」）の意味を了解していく現象学的態度が必要であることについてである。

第Ⅲ部（第6章〜第8章）では、ここまでの議論を踏まえて、実感としての「つながり」に関する三つの具体的事例を取り上げている。第6章と第7章は、子どもという存在を人間の原初的姿と見る観点から、「つながり」の原初的あり方を明らかにすべく、保育の場での関与観察（かかわりながらの観察）で出会った子どもとのかかわりで印象的であった「つながり」のエピソードを取り上げている。

ここで中心となるのは、人と人との「つながり」以前に、それを支えている各主体と世界との「交わり」といえるものが存在するのではないか、ということである。それは、他者とかかわるとき、そこに独特の「感触」がもたらされる、ということへの気づきを子どもとのかかわりを通して得たことを契機としている。私と子どもたちそれぞれとの「あいだ」に何らかの「感触」がもたらされ、その「感触」が二者の「実感をもったつながり」の形成に重要な意味をもっていた。第6章は私にとって「柔らかな感じ」として感じられた子どもとのかかわりの事例から、かかわりの「感触」とはなにか、そしてそれがどのように「つながり」の形成と関係しているのかについて、第7章は、逆に、「硬さ」を感じさせられた子どもとのかかわりから、二者の「あいだ」がいかに生きられるときに「つながり」が形成されるのか、について考えている。

第8章では、実父の闘病に寄り添う生活の中で、父と「つながり」直すことがいかにして可能となったかについて、第6章、第7章で導いた「つながり」の概念をもとに読み解いていく。実父の闘病生活に寄り添う生活は、筆者にとって、既存の「親―子」としての「あいだ」が動揺する中で、再度父と「つながり」直すことを促されるものであった。それまでの「つながり」方が維持できなくなる中で、父と筆者が再びどのように「つながり」、「共にある」ことができるようになったのかを考えるものである。

終章では、三つの事例から見えてきた他者と「共にある」というあり方（「つながり」）のために必要となる「質感的世界の感受」や、「他者を動的な存在として捉えること」などについて考えている。

以上が本書の大まかな流れである。第Ⅰ部では、心理学領域における先行研究を取り上げており、心理学に馴染のない読者には読みにくいかもしれない。その場合には、第Ⅲ部の具体的な事例などから読んでいただきたい。その後で、第Ⅰ部に戻っていただければ、これまでの他者理解の捉え方と本書の主題とする他者との「つながり」との違いが明確になるかもしれない。あるいは、各自の関心に応じてどの章からでも読んでいただければ幸いである。

なお、本書において使用する「　」については、筆者が「つながり」の本質を問う中で、これまで何となくで「分かったつもり」でいた概念を、いったん括弧に入れて問い直す必要があると判断したものに対してである。一方、〈　〉は、筆者の考察において新たに見出した概念について用いる。また、〝　〟については、文献からの引用の際に使用する。

他者と「共にある」とはどういうことか——実感としての「つながり」　目次

第2章 人間を主体として捉える――〈経験の主体としての身体〉への回帰……63

第Ⅱ部　「実感」の次元における知を求めて

序　章　他者との「つながり」への問い

「今、わたしはあるイメージを幻想している。それは、複雑に絡みあったほとんど無限のつながりの網がある。このつながりは複雑なだけでなく、生き物のようにうごめき、一瞬一瞬変化している。一人ひとりはそのむすぼれである。

そのつながりの網は、生命の海とでもよんだらよいようなものに変幻する。一人ひとりはその海を浮遊している。あるいは、一人ひとりは生命の海を分有して生きている。無限の時間の流れのなかで、一つひとつの生命の灯はふっと消え、海の暗闇に還ってゆく。その暗闇から別の灯が生まれる。潮流のうねりと蛍のように明滅する灯。」(1)（小澤勲）

はじめに

人は、他者とのつながりを希求し、そのつながりの中で自分という存在を感じ、生きている。人は、生まれ落ちたときから他者の中に投げ出され、他者とかかわることを通して自己を成立させていく存在である。これは、人間の根源的なあり方である。私たちは、その生の中で出会うさまざまな他者とコミュニケーションを取ることによって、他者のことを分かったり、分からなかったりしながら、より好ましく感じられるつながりを模索しながら形成していくのである。

近年、情報社会がますます高度化してくるにつれ、コミュニケーションの形態がかつてでは考えられないほどに多様化し、物理的に距離のある他者や直接顔を合わせたことのない他者とのつながりの形成も可能となる一方で、生身の身体を携えた人間どうしのつながりは希薄化しつつある。こうした高度情報社会の中にあって、人々は、多様なコミュニケーション媒体を駆使することによって、以前にも増して他者とのつながりを求めているように見える。他者との連絡や何らかのかかわりが常時得られるようなコミュニケーション媒体が生み出され、多くの人々がそれらに頼り、時には依存する場合もあるという今日の現状は、他者とつながっているというしっかりとした感覚の欠如がその背景にあるようにも映る。それは逆に、「一人でいること」とはどのような体験なのか、ということを考えさせられるほどである。

私たちにとって、つながりとはいったいどのようなものなのだろうか。コミュニケーションの形態が多様化し、他者が、生身の人間の現前とは異なるかたちで現れるようになった今日、確かに他者と連絡を取ることは物理的に容易になった。しかし、その一方で本質的な意味においてのつながり、つまり「いま、ここ」の充実によって明日に踏み出す力となるようなつながりや、一人でいる時間も自らの根底に感じていられるつながりは、経験されにくくなっているのではないだろうか。

本書における出発点は、研究主体である以前に、まずは一つの生ある生活主体である私が、近親者の看護や死という、自らの意思や努力では如何ともしがたい体験を生き、受け止める中で、必然的にそこへ導かれることとなった問い、すなわち他者とつながることの意味への素朴な問いにある。序章では、まず、本書の出発点となった私の体験について述べていきたい。

第1節　「分かる」こととは別の「つながり」

他者とのつながりとは、そもそも何であろうか。一般的に私たちには、お互いを分かり合うことでつながりは形成されるという暗黙の認識があるだろう。しかし果たして本当にそうなのだろうか。私は、生活世界において実父の病いの発覚と闘病を体験することを通して、「他者を分かる」と言うときの、「分かる」こととはまた別の「つながり」のあり方へと導かれることとなった。

以下では、その体験がいかなるものであったかについて述べ、本書で「つながり」について考えていく上での基盤となるところを提示しておきたい。

1　〈私—世界〉という系への気づき
——主客二元論を超えて

「分かる」こととはまた別の「つながり」のあり方へと導かれることとなった体験、これを端的に示すことは非常に困難である。しかし、先回りしてその輪郭を述べるとすれば、「私」と他者を切り分けた上で、「私」が他者を意識の次元で「何か」として分かった結果、それとつながれるというような見方は非常に単純化された理解の構図であって、必ずしもその構図は、実感に即したものではないのではないかという気づきである。私たちは、実際においては、そうした主客二元論的な枠組みを超えたところで、他者・世界とかかわり合っているのではないか、と気づかされたのである。その気づきの契機となったのが、実父の闘病を共にする生活の中で被った身体というものへの回帰、および「世界」というものとのあらためての出合いであった。

私たちは日常、見慣れた人やものの中で日々生活している。そうした、自分によく馴染んだ世界を生きているとき、私たちはなかなか「世界」というものを意識することはない。私も、これから述べる実父の病いの発覚とその闘病を共にする経験を得るまでは、自らが生きている世界を特別に意識したこともなかった。自らの生きている世界を意識することなく、すでにそこにあるもの、誰にとっても等しく開かれているものとして、その中で生きていたといえる。しかし、私たちの生きている世界は、そのような「誰にとっても、すでにそこにある世界」などではなく、その世界の現れは、個々固有の「いま、ここ」を生きている「私」という存在と意味深く結びついているものなのである。

以下に、実父の病いの発覚とその闘病を共にする経験の中で得たこの気づきについて述べる。

バスの中での不思議な体験

父の突然の病いは、身体に重大な問題が生じた時点で、日常がいとも簡単に頓挫してしまうという避けがたい現実、また死というものが、日常においていかにもまだ猶予があるが如く背景に退いていながら、何の前触れもなく突如として大きな壁として立ちはだかる問題であるという現実を突きつけることによって、人間が代替のきかないただ一つのこの身体でもって生きているという至極当然の事実をあらためて痛いほど知らしめるものであった。そして、この、人間が第一義に身体的存在として「いま、ここ」を生きているということへのあらためての気づきによって、それまで明確に意識することもなかった眼前に広がる世界の現れへも意識を向けさせられることとなった。この身体で生きている自分に開かれている世界として、世界を意識することになった。

というのも、父に重大な病いが発覚し、突如として父と過ごすことのできる「残された時間」というそれまでリアリティをもって考えたこともなかった問題を突きつけられる中で、私は、普段から見慣れているはずの馴染みのある光景がまったく別のものとして目に映るという初めての体験をした。病名が告げられた次の日、私は、突如突きつけられたその厳しい現実をうまく消化できず、地に足が着いていないようなふわふわする感覚の中にいた。そのような状態で父がしばらく入院治療することになった病院へバスで向かっていたのだが、窓越しに流れていく見慣れたはずの光景が、座席に座っている自分とはまったく別の世界のような感覚で目に映ったのである。また、そのとき、たまたま前の座席に座っていた女性が携帯電話で通話をしていたのだが、その女性もまた、今自分がいる「ここ」とはまったく別の世界に存在する人のように感じられた。

これは、それまで体験したことのない、いわば目の前に「自分がいるのとは別の世界」が現れたとも言える不思議な感覚であった。この日のこの体験によって初めて、「すでにそこにある世界」としての誰に対しても開かれている物理的な「外界」ではない、「自らにとっての〈世界〉」というものを明確に意識させられたと言えるかもしれない。この不思議な感覚は、「いま、ここ」にある自分とまったく結びつかない〈〈他者の〉世界〉が存在するということを私に知らしめた強烈な体験となった。そしてそれは同時に、「いま、ここ」の自分と自分の前に立ち現れている〈世界〉は密接に関係し合っているということ、より砕いて言えば、〈世界〉というものがそのときの「私」との関連の上での「見え」であることを理解させるものであった。

それまでの私は、先述の通り、世界というものを特別それとして意識することもなく、誰に対しても開かれている「すでにそこにある世界＝外界」の中で生きているつもりであった。そもそも「世界」を主題化して考えることは、それまでしておらず、誰にとっても均質な物理的な意味での外界の別名を世界として何となく捉えていた。「すでにそこにある世界＝外界」を前提として、あえて「私の世界」といった言葉で表現するときの「世界」は、自らが見ること、聴くこと、感じること、考えることから成り立っており、「私」は常に、その「世界」との関係において言わば能動の主体であるかのように思い込んで生きていた。しかし、このバスの中での不思議な体験によって、〈世界〉というものが、いつでも誰にとっても常に同じ状態で存在する物理的な「外界」と同義のものではないだけでなく、自らの能動的な思惟などで作られたものでもない、「いま、ここ」を生きる「私」に知覚される「見え」なのだということに気づかされたのである。〈世界〉が「見え」てくるとき、「私」はある種の受動的位置にある。あるいは、その「見え」において、(思惟する私ではなく)「知覚する身体としての私」が「見る」ということ(能動性)と、世界が立ち現われてくるということ(受動性)とが交叉している。

「私」は、「すでにそこにある世界」の中で一方的な能動の主体として生きているのではない。〈世界〉は「私」の思惟を超えた「知覚する身体」を介して立ち現れてくる。つまり、そのとき生じたのは、この「私」と〈世界〉との両義的な関係、あるいは、〈私―世界〉が一つの系だということへの気づきであったのである。

2 他者・世界との「つながり」というあり方
――〝生命の海〟のイメージ

この〈私―世界〉系への気づきは、何を意味するのだろうか。私は先に、他者を「分かる」こととは異なる「つながり」のあり方へと気づかされる体験を得たと述べたが、その端緒が、この〈私―世界〉系への気づきであった。この、「世界」との関係に気づかされるまで、私にとって他者と「つながる」ことは他者を「分かる」ことと同義であり、また他者を「分かる」ということは、「すでにそこにある世界＝外界」の中で能動の主体として為すことであった。しかし、〈世界〉というものが「いま、ここ」を生きる「私」にとって意味をもつものとして現れることを如実に経験し、〈私―世界〉系という枠組みに開かれてからは、他者を「分かる」ということは、自らが常に能動の主体として対象を一方的かつ直線的に「何か」として把握することではないし、他者と「つながる」ことができるか否かというのも、私の意図的な操作によるものではないのではないかというような思いを漠然と抱かされるようになっていった。

〈私―世界〉系には他者が存在する。もちろん、他者には他者の〈他者―世界〉系があり、その中に「私」は存在するのだろう。そして、「私」も他者も〈世界〉に包含されつつ、自らの身体によってそれを知覚している。これは、〈私―世界〉系が一つの閉じた系としてあるのではなく、他者の〈他者―世界〉系と絡み合いながら、〈私―世界―他者〉という一つの系を為していることを意味する。

ここで冒頭に挙げた小澤の〝生命の海〟[1]についての文章を見てみよう。精神科医の小澤は、二〇〇二年に肺がんを告知されるが、これはその告知も穏やかに受け入れ生きる中で、自らの内に浮かぶイメージだという。若い頃のように「私」ということへの強いこだわりが軽減し、つながりの結び目としての自分という感覚が強いと述べている。

父の看病と死という経験をくぐり抜けた直後に、この〝生命の海〟のイメージに出合ったとき、このつながりの網のイメージがものすごくリアリティをもつものとして、私の目に留まった。おそらく、父との経験を経る前の私であったら、さらりと読み流していたかもしれない。しかし、〈私―世界―他者〉系に気づかされた私にとって、この〝生命の海〟のイメージは、他者や世界を自らと分立して捉えていたそれまでの捉え方とは明らかに異なる、自分自身と周囲との関係のあり方についての直観を端的に表現するものに思えた。それは、〈私―世界―他者〉を一つの系として生きている実際の人間の生身のありようとして、私の体験の位相にぴたりと合致したのであった。

「私」と他者は切り分けられた個体ではない

この、生命の海のイメージは何よりもまず、人間がさまざまな有機体とつながり合って生きているありようを描写している。そしてここで表現される有機体は、決して主客二元論的な関係性にない。というのも、ここで描き出されている海は、網としてのつながりであり、そこに明確な主客の区分はないからである。それぞれのむすぼれは、自らが起点となって波動を他のむすぼれに伝えることもあれば、他のむすぼれが起こした波に引っ張られて動くこともあるだろう。始まりも終わりも定かではない波の揺らぎが延々と繰り返されている。このように、むすぼれとしての「私」はときに能動の位相を生き、ときに受動の位相を生きる者として捉えることができる。もちろん、他者も同じである。「私」も他者も、有機体どうしのつながりでできるこの同じ海を分有している。「私」と他者とは切り分けられた個体として存在しているのではなく、〈私―世界―他者〉系の中に絡め取られている存在なのである。

小澤の描く生命の海のありようは、単なる表象としてというよりは、むしろ私の実感として腑に落ちるものだった。「私」が能動の主体として他者を「分かる」か否かにかかわらず、「私」も他者も生命の海を分有しつつ、すでに「つながり」合いながら生きているのではないだろうか。

ここまで見てきたように、〈私—世界—他者〉系への気づきの体験、またその後に出合った小澤の描写する世界のイメージは、私に、他者を能動的に「分かる」ということとはまったく別の次元の、見えない「つながり」の次元が存在するのではないかという直観を与えた。「すでにそこにある世界」の中で、私が能動の主体として他者を「分かる」か否かといったこと以上に、「私と他者」、「私と〈世界〉」という切り離せない関係においてときに感じることのできる「つながり」こそがより重要であり、生身の人間としての実感にも即しているのではないかと考えるようになったのである。

第2節　他者を「分かる」とはどういうことか
——他者理解における身体の存在

ここまで、私が自らの生活経験を通じて得た、〈私—世界—他者〉系への気づきによって、「分かる」「分からない」が営まれる次元とは異なる〈世界〉や他者との「つながり」という次元に目を開かれてきたことを述べてきた。しかし、そもそも、他者を「分かる」（あるいは「分からない」）ということはどのようなことかと問われれば、明確に答えることは難しい。ここまでは、他者を「分かる」こととは異なる「つながり」という言い方をしてきたが、未だそれらは非常に曖昧な規定に留まっている。

そこで、ここでは、そもそも「分かる」ことが日常的にはどのようなこととして認識されているのかということが図らずも浮き彫りとなった私の経験を提示したい。それは同時に、そうした「分かる」あり方とは異なる「つながり」というあり方に触れた経験でもある。この経験を分析することを通じて、「つながり」という事態を理解するための鍵概念が「身体」であることを明らかにする。

1　母が祖母に歌う子守唄

私は、先の父との経験と時をほぼ同じくして、祖母の入院を見舞う経験を得た。ここで提示するのは、そのとき出合った出来事である。

❖エピソード　母が祖母に歌う子守唄

祖母が心臓を病み入院し、この日も入院する祖母を見舞いに行った。

祖母は、入院するつい数日前まで車椅子に乗り、祖母なりの日常生活を送っていたので、人工呼吸器をつけることまでになってしまった急な展開に周囲の驚き、ショック、動揺は大きかった。私が最後に祖母に会ったのはその一ヶ月前であったが、実家からの連絡で病院に駆けつけると、ベッドには腫れてしまった顔に酸素マスクをつけて苦しそうに息をして横たわる祖母の姿があった。祖母自身、酸素マスクをしながらも「すぐ退院できる」と言葉にならない言葉を発するほど状況を把握できていなかった。そのことも私たちには大変に辛かったのだが、息苦しさは増し、人工呼吸器をつけなければならなくなってしまった。人工呼吸器をつけてからは、頭上の機械に「生かされている」ように横たわっている祖母の傍らに祈りを込めてただ付き添っていたのだが、一週間後、奇跡的にも人工呼吸器を外すことができた。以下に提示するエピソードは、それから数日後、祖母が人工呼吸器をつけていたときの薬が完全に抜けず意識が朦朧としていたときの出来事である。

人工呼吸器を外して数日後のある日、ドルミカムという脳の機能を眠らせる強い薬がまだ抜けきらず意識が朦朧としている祖母に私と母が付き添っていた。祖母はもちろんまだ話せる状態ではなく、私が時折母に話しかけるほかは病室は心電図をとる機械の音が鳴っているだけの、病院特有の気の滅入るような空気が流れていた。そのとき私たちには、人工呼吸器はとれたものの、このまま意識が戻らずこの状態のままなのだろうかという新たな不安が頭の中を支配し始めていたように思う。ほとんどの時間、祖母の身体に触れながら私も母もベッドの脇で黙って祖母の顔を覗き込んでいた。

祖母は、まだ自分で上手く咳をすることができず一定時間ごとに痰の吸引を行ってもらっていたのだが、それがとても不快らしく、吸引のときには苦しそうに顔をゆがめ、無意識に、手を顔へもっていき吸引しようとする看護師さんの手を振り払おうとする。その日は吸引が終わって看護師さんが病室から出て行っても顔をゆがめ、手で酸素マスクを取ろうとしていた。私と母で祖母の手を抑えていようとするのだが、あまりに祖母が動いて命綱の酸素マスクを外そうとするので、私はいよいよ、祖母は嫌がるだろうけれども、拘束具を両手にはめなければならないと思い始めていた。

そのとき、母が祖母の手を握りながら子守唄を歌いだしたのである。私にとっては衝撃であった。親が乳幼児を寝付かせるときに歌うものである子守唄を母がベッドに横になっている祖母に歌っているその状況に、すんなり馴染めず違和感を覚えたのである。身体は弱り、今は自分の意志で動くことも思いを伝えることもできない状態ではあるが、その存在にはやはり八七年の重みがある。その祖母がまるで赤ん坊のように扱われているかのように映り、「子守唄はちょっと…」と思ったが、母の真剣に歌う顔を前にして何も言えず、母の歌を聞きながら祖母の顔を眺めていた。「子守唄、よく母が歌ってくれたわ」と言いながら色々な子守唄を次々に歌っている間に、驚くことに祖母は静かに寝入っていった。

「共に」そこに「ある」次元

私はこのとき、苦しむ祖母を思いながらも、ただただ落ち着いてほしいという思いから、頭を振り絞って考え、何とか落ち着かせる手段として拘束具（ミトン）をはめることに思い至ったのだが、母はまったく違っていた。そのときの私には考えも及ばなかった、というよりも私がそのときいた「考える」次元ではないところで、母は祖母に向かい合っていた。

一般的に、他者について「考える」ことは、他者を「分かろう」とするがゆえの行為、あるいは「分かる」ことを前提にした行為であると考えられている。そこで問題になる「分かる」とは、他者の置かれている状況に自らを持っていき、相手が感じていることと同じように感じようとすることだと言える。このときの私も、その枠組みの中にいたのだと思う。すなわち、私は祖母の苦しみを「分かり」、祖母のためを思って拘束具をつけねばと「考えて」いた。

しかし、一方で母は、「相手の立場になって」という自と他の置き換えなど不要な次元で、祖母の苦しいありようを共に生きているかのようであった。私のように頭で考えていたのではなくて、祖母と「共に」そこに「あり」ながら、ごく自然に子守唄が「口をついて」という次元で出てきたのである。このとき私は、母と祖母とその場に物理的には共にいたにもかかわらず、頭で考える次元でいたために、一人異なる場にいるかのような心地になった。

一人その場に溶け込めずに取り残されたかのように感じられたこのときの体験は、他者の思いや置かれている状況といったことに自らを意識的に重ね合わせ、同じように感じようとすることとしての「分かる」とは異なる次元で為される「つながり」という関係のあり方の存在を、示唆するものだったと思う。

2　生きられる世界と身体との関係

他者の内的状態の把握を意図する操作的な「分かり方」

この出来事における私のあり方からも見えてくるように、他者について「考える」、あるいは他者を「分かろう」という次元にいるとき、逆説的にも、人は他者に対して操作的になり目の前の人と深く「つながる」ということには至らない。そもそも、私たちにとって他者を「分かる」ことが重要であると認識されてきたのは、他者関係に投げ出されて生きていくことが宿命づけられた中で、他者とより良い関係を形成するため、つまり他者と共生していくためであったはずである。しかし、上に挙げたエピソードが示すように、他者について「考える」とか、他者を「分かろう」といったようなあり方では、他者と場を同じくしながらも実感としてその者と「共に」そこに「ある」という感じが抱けないことがある。

このときの私は、祖母の苦しみを「分かり」、祖母のためを思って拘束具をつけねばと「考えて」いた。それが実行されれば、祖母は私の考えによって結果として操作されたことになっただろう。そういう意味において、ここで為された「分かる」は、実は祖母と離れたところで祖母の苦痛を感じるものに過ぎなかったと言える。

こうした形での「分かる」を、私たちは日常生活でごく普通に遂行しているのではないだろうか。すなわち、他者の目に見えない内的な状況を推察し、意識的であれ無意識的であれ、他者をどう操作すればよいかを考える。しかし、そのような「分かり方」は、一見、二者のあいだに立ちはだかる「どうしようもなさ」を消し去るように見えることもあるが、実際には一方的な「分かったつもり」に過ぎず、実感としては目の前の他者と決して「共にある」ことはできないことをこの出来事が示唆している。

「つながり」の主体としての身体

場を同じくしながら共にいる実感を得られなかったこの体験からは、他者と「共にある」というあり方――「つながり」――の実感を抱くためには、他者の目に見えない内的な状況を把握することとしての「分かる」というあり方では難しいということが言えそうである。意識的に頭を働かせることによって他者の思いを把握しようとすることとは別次元にいた母と祖母は確かに「共に」そこにあった。二人のあいだには、目には見えない「つながり」が存在していた。他者との共生のためには、そうした意味での他者を「分かる」ということよりも、他者と「つながる」ということの方が意味をもつと考えられる。

こうした、「分かる」ことと「つながる」ことに関する素朴な問いを背景にしつつ、この先に続く本論の中で、先行研究が他者理解[1]というものをどのように考えてきたかを見ていくが、結論を先取りして言えば、「分かる」こととは次元を異にする「つながり」というあり方の鍵を握るのは、身体というものの存在ではないだろうか。祖母を前にして、私が「考える」次元において祖母を理解しようとしていたことからしても、私たちが日常的に、他者を「分かろう」とするとき、そこに身体の次元はあまり介在していない。言い換えれば、「分かる」主体は、あくまで意識（思惟や意図の塊）としての「私」である。その一方で、祖母と「共にある」という目にみえない「つながり」を形成していた母が、「口をついて」という次元で子守唄を歌い出したとき、その歌い出した主体は母の身体そのものだったように思える。

メルロポンティは、その著書の中で、〝私の住居は私にとって、緊密に連合された一連の映像のようなものではない。それが私のまわりでいつまでも親しみぶかい領域としてあるのは、私がそれのもつ距離や主要方向を、依然として〈手のなかで〉、あるいは〈脚のなかで〉、覚えているからにほかならず、私の身体からその住居の方へと、たくさんの志向的な糸が発しているからにほかならない〟と述べている(2)。

ここで述べられているのは、私たちの世界やそこに存在する他者を含む諸対象は、常に能動の相にある意識の主体が、身体を介在させず一方的にそれらを「何か」として把握することによって見出されているわけではないということである。そうではなく、まずもって身体がそれらとある種の関係を結んでいるがゆえに、それらが馴染み深いものとして現出するのである。

この言及からすれば、「つながる」ということは、他者を何らかの表象、「一連の映像」として把握することではない。世界とのあいだに自らの身体が本来張り巡らしているはずの〝志向的な糸〟を介してこそ、他者と「つながること」は可能となると言える。

このような捉え方こそ、〈私―世界〉が一つの系であるという気づきを得て、「世界（他者）」との両

(i)　他者理解という言葉は、「分かる」ことを連想させるものであり、「分かる」以前の「つながり」を問題にしていくという本書が、なぜ他者理解について云々し出すのかという疑問もあろう。しかし、後述するように、先行研究ではそもそも「分かる」とは異なる「つながり」という次元が固有のものとして十分に主題化されてこなかった。「つながり」が「分かる」ことと混同されたり、同一視されたりすることによって、「つながり」を支える最も重要な条件が見逃されてきたということを明らかにするのが、このあとの第1章の目的である。

義的な関係性というものに思い至った私の実感に馴染むものである。実感として私たちに感じられる他者と「共にある」というあり方――「つながり」――を捉えるためには、おそらく「身体」という主体を問題にしていく必要がある。

以上、研究主体である以前に一人の生を歩みつつある生活主体としての私の経験から生じてきた、「分かる」こと、「つながる」ことに関しての問いを述べてきた。では実際に、学問的には、「分かる」ことや「つながる」ことにかかわる他者理解の問題はどのように論じられてきたのだろうか。他者理解については、これまで哲学をその発端として心理学の諸領域でさまざまな側面から研究されてきている。次章では、それらの先行研究を検討した上で、私たち生身の人間の経験に即した、より実感に馴染む他者との関係のあり方を検討するための地盤を整えたい。

第Ⅰ部　他者と「共にある」とはどういうことか

——心理学における「志向する身体」の欠落

序章では、私が〈私―世界―他者〉系へ目を見開かされた体験を契機として、他者と「つながる」ことにまつわる問いが立ち上がってきた経緯を見てきた。本章では、学問の世界において、これらの問題がこれまでどのように扱われてきたかということを概観した上で、それらの問題点、すなわち〈経験の主体としての身体〉の欠落を挙げ、本書の主題である「つながる」とはいかなることなのかという問いに接近するための私の立場を明確化する。

第1章　これまでの他者理解研究に抜け落ちていたもの

一対一の人間関係における原初的な「つながり」

他者と共に生きることの重要性がますます叫ばれる現代、「つながり」や「絆」といった言葉がいたるところで聞かれるようになっている。しかし、私たちにとって本質的な意味において生きることの力となりうる「つながり」とはいったいどのようなものなのだろうか。私たちは、ごく素朴な感覚として、「つながり」の形成には、お互いに分かり合うことが必要であるという認識をもっている。もちろん、それはある意味では必要なことなのかもしれない。しかし、相互に分かり合うことの重要性が当然の如く自明視されるあまり、私たちは本来「経験する身体」としてさまざまなことを感受しながら他者に現前していることをしばしば忘れがちではないだろうか。

他者を「分かる」というとき、私たちは往々にして、それを他者がどのような考えや立場であるか、どのような内的状態であるのかを理解することとして捉える。他者を「分かろう」とすればするほど、他者が内的に有するものを自らも共有しようとする構えを強める。このとき、私たちは自らの身体と他者の身体が共にその場にあり、お互いに「考え」や「感情」以前の言葉にならないある感じを感受し合っていることに気づかない。他者が内的に有するものの共有に先走るあまり、お互いに身体としてまずはそこに共にあるということに鈍感になってしまうのである。私たちは内的なものの共有、すなわち他者を「理解」することを求め、「分かる―分からない」といった緊迫した関係性を作り出すことによって、他者関係を営むしんどさに自らを陥れているように思う。

もちろん、他者と「つながり」ができさえすれば人間関係はすべてそれで良いのかといえば、それもまた違うであろう。たとえば、「つながり」を求め、多くの人々がある一つの目的においてつながったとき、排外的な大きなうねりとなって全体が負の方向へ動いていってしまうこともあるだろう。また、何らかの障がいを抱えた人々にとっては、他者と「つながる」こと自体が脅威になってしまうこともある。ただ、そうは言うものの、私が体験したような病を得た者と共にあろうとするときや、子どもを育てる中で養育者が子どもと「共にある」ことが重要な意味をもつ時期など、人にとって他者との「つながり」が必要となる場合があることもまた事実である。こうした意味で、本書は、他者と「つながる」ことをすべてにおいて善とする前提に立つわけではないものの、一対一の人間関係における原初的な「つながり」という現象がいかなるものなのかという点に焦点を当てるものである。

これまでの心理学における他者理解研究

ところで、「分かる」ことへの偏重と身体の忘却は、これまでの心理学研究にも当てはまる。本書は、序章で述べたように、実感としての他者と「共にある」というあり方――「つながり」――がどのような事態なのかを明らかにしようとするものであるが、これまでの心理学では、直接的に「つながり」という概念は研究されてきていない。心理学という学問において、「つながること」（に関する諸問題）は、「分かる」ことと明確に区別されることなく、広く「他者理解」の問題の一部として言及されてきたと言える。そこで、本節では、これまでの心理学における他者理解研究、とりわけ「共感（empathy）」および「間主観性（intersubjectivity）」という概念をめぐって為されてきた諸研究を概観する。

なぜ、この二つの概念に注目するかといえば、他者理解研究における「共感」から「間主観性」へという概念の展開が、心理学の発展そのものを象徴する一つの大きな流れと呼応していると思われるからである。それはすなわち、自然科学と同じ意味での科学化を目指した学問成立当初の客観主義的立場から、関係性重視の立場への流れである。

心理学における他者理解に関連する問題も、学問のあり方を支えているこのパラダイム転換の大きな潮流の中で検討され、新たなる知見が生み出されてきた。したがって、「共感」から「間主観性」へという大枠のもとに各研究を概観していくことによって、これらの諸研究の適切な位置関係を把握しやすくなるだろう。さらに、これらに加えて、近年増えつつある臨床実践についての質的研究において、他者理解がどのように捉えられているかについても確認する。「つながり」という問題について私なりに考えようとするとき、こうした心理学における流れを跡づけ、自らの問題意識をその先端に位置づけることは、本書にとって不可欠の作業でもあるだろう。

「分かる」仕方は何層か存在する

次節からその作業を進めていくが、その前に「他者理解」と「分かる」、そして「つながり」がどのような関係性にあるのか確認しておく。今述べたように、先行する心理学研究においては「分かる」も「つながる」も広く「他者理解」の内に含まれてきたと言えるが、実際には、この三つの関係はより複雑である。というのも、「つながり」は生じ得ない中での「他者理解」ということもあり得るし、行動や発言の意図や意味が明確には「分からな」くても、「つながり」は感じるということもあり得るからである。たとえば、目の前の他者が怒っているとき、私たちはその他者が何に怒っているかは「分からな」くても、怒っていることは「分かる」ことはある。そしてそのときはもちろんそこに「つながり」は存在しない。また、乳幼児が何を言わんとしているかは「分からな」くても、その子がどのように世界に向かい、どのようにそれを感じ取っているのかについてはどことなく「分かり」、その意味で「つながり」得るということもある。

これらの例からすれば、「分かる」や「つながり」が単純に「他者理解」に包摂されるという関係にはなく、むしろ「分かる」や「他者理解」には、言わば深さが存在するということではないだろうか。つまり、「分かる」仕方は何層か存在するにもかかわらず、私たちはそれらを一緒くたにして「他者理解」などと呼んでいると考えられる。こうした「分かる」ないしは「他者理解」の多層性の詳細について、またそれと「つながり」の関係について明らかにすることは、他者関係のあり方を考える上で重要である。しかし、そのすべてについて本書で明らかにしていくのには限界があるため、本書では、その中でも私たちが見落としがちな、ある種の「分からなさ」を含みつつも「つながれる」という事態を特に問題にしていく。

第１節　概念としての共感

１　実証的心理学における共感概念

一般的用語としての「共感」

私たちにとって、共感という言葉は、日常の一般的用語としても広く浸透しているものであり馴染み深いものである。学問的用語としても、共感はこれまで、それが面接者―被面接者間で生じる現象として第一の主題となる臨床心理学のみならず、一般心理学、芸術学、教育学など多くの領域にわたって、研究対象とされ、知見が積まれてきた。また近年では、脳科学や神経科学においても、そのメカニズムについてのより精密な研究が盛んになされている。それほど、共感と呼ばれる現象は、他者と関係を営んで生きている私たちにとって身近なものであり、また、より良好な関係性を築いていく上で重要な意味をもつものであるとして広く認識されているといえる。しかし同時に、これだけ広く普及している概念、用語でありながら、その定義が統一した見解に定まらないこともたびたび指摘されてきた(1)。

まず、一般的用語として私たちが共感という言葉を用いるのは、広辞苑（第六版）に〝他人の体験する感情や心的状態、あるいは人の主張などを自分もまったく同じように感じたり理解したりすること。同感。〟とある通り、他者の内的な状態が自らにも同じように感じられるようなときに、つまり、「同感」とほぼ同じ意味として用いていることが多いのではないだろうか。たとえば、「あの映画の登場人物に共感した」とか、「多くの人の共感を呼ぶ歌詞」とか、「彼の主張に共感を覚える」といった使い方である。そのものの内に含まれている感情やそのものが有している認識を自らも同じように抱けたとき、私たちはその状態を日常的に、共感という用語で表現しているといえる。そして、そうした共感を覚えることが、他者や対象を「分かる」こととほぼ同義であるかのように用いられているようである。

共感の認知的側面と情動的側面

一方、学問における専門的用語としての共感はどうだろうか。心理学における共感に関する研究は、主に社会心理学と発達心理学の領域を中心として一九七〇年前後から数多くなされてきたが、その定義は学者によってさまざまであった。そもそも共感という概念の起源は、他我の認識の可能性を問題とした哲学的議論の中で生じてきたものであり、当時は、自己投入とか感情移入といった言葉で扱われていた現象である。(1) そこでは、自と他は、「自我」と「他我」として分立したものと据えられた上で、「自我」はいかに「他我」を認識できるのかという問いが立てられていた。そして、両者のあいだの壁は長らく乗り越えられることがなかった。

心理学における共感研究も、そうした哲学の他我認識のアポリアを引きずるかたちで、共感を推論ないしは代理的反応によるものとみなして検討が行われてきた。つまり、その後の実証的心理学における共感研究は、他者の考え方や視点、感じ方の推察による理解を共感とする認知的側面からの研究と、他者の内的な状態の代理的な感情反応を共感とする情動的側面からの研究という二方向からの研究がなされてきたわけである。(2)

登張によると、共感研究は、かつては、〝いかに正確に他者の内面を推測するか〟という認知的側面が重視されたが、[3] ストットランドらの〝代理的感情反応〟を測定する研究[4]が行われて以降、情動的側面に注目が向けられるようになった。その後、結果としての他者への感情的反応はその過程に認知的処理を経ていると考える研究が行われていったことを背景として、現在では、この二つの側面を統合して捉える必要があると考える見方が主流となっている。

認知的側面と情動的側面を統合する

すなわち、共感を〝相手の情動的な反応と一致する情動的反応だとする〟[2]見方が一般的となると共に、こうした感情的反応の過程としての認知的共感は、役割取得や視点取得という能力によるものだとされた。さらに、それらが、自分と同じように他者も心をもっていることを理解し、他者の心的状態を推測することのできる能力、〝心の理論〟[5]を前提にしているという考えから、「心の理論」の関連性を検討する研究などが見られるようになっている。

認知的な側面と情動的な側面を包括的に捉えた統合モデルとして、ホフマンのものがある。[6] 彼は、共感を〝自分自身の状況よりも、他の誰かの状況により適した感情的反応〟と定義し、[2] 共感的覚醒の様式として〝初期的な循環反応〟、〝マネ〟、〝古典的条件付け〟、〝直接的連合〟、〝言語媒介的な連合〟、〝役割取得〟という六つの様式を挙げた。[2] その上で、他者についての認知的感覚の発達がどのような共感的反応の変化をもたらすかについて、感情的―認知的な統合モデルを提出している。これは、他者をどう知的に概念化するかということが、その他者への感情的反応に決定的に影響を与えるという考えに基づいて、他者に関する認知的感覚と感情的反応を年齢に沿ってモデル化したものである。

デイヴィスも、共感の研究が認知と情動に分割して行われることを危惧し、統合化を試みた代表的な一人である。彼は、共感の測定に関して、認知的側面として〝視点とり尺度〟と〝空想尺度〟、情動的側面として〝共感的心配尺度〟と〝個人的苦しみ尺度〟を設定し[1]、共感性の個人差を多次元的に捉えるための質問紙尺度である〝対人的反応性指標（Interpersonal Reactive Index : IRI）〟を開発した[7]。

また、他者の感情経験に直面した者に生じる認知的・感情的な反応やその結果至る行動などを含めて、共感にかかわる現象や過程を一連の出来事として多次元的に捉え、それまで分割されて検討されてきた知見を統合化して理解するための〝共感組織モデル〟も提起している[2]。共感組織モデルでは、ホフマン[6]の共感生起の様式や、感情反応のあり方に着目した研究結果などを取り入れ[8]、共感を〝先行条件（ANTECEDENTS）〟、〝過程（PROCESSES）〟、〝個人内的結果（INTRAPERSONAL OUTCOMES）〟、〝対人的結果（INTERPERSONAL OUTCOMES）〟の四つの要因から成る一連の出来事として、それぞれの要因の関連性を図式化している[2]。

近年の実証的心理学における共感研究は、このデイヴィスの多次元的共感性尺度である「対人的反応性指標」や「共感組織モデル」に依拠して行われていると言える。

日本での共感研究

日本国内の最近の共感研究を見てみよう。ホフマンやデイヴィスなどの共感定義や尺度、統合モデルなどに依拠しながら[3][9][10]、社会心理学的・実験的領域においては、多次元的共感性尺度の信頼性、妥当性を高めていく研究や[11][12][13]、共感性と向社会的行動や攻撃性などとの関連を調べる研究が数多く行われてきた。また、発達領域においては、その発達過程や性差の研究[14][15]、共感形成要因の検討などの研究が主なものとして挙げられるだろう[16][17]。さらに、教育学領域においては、社会的スキルとの関連を検討するものが見ら[18]

れる。

他者への共感とは「測り得る」ものなのか？

これらの実証的心理学における共感研究を見てみると、認知的共感であれ、情動的共感であれ、そこには共感を「測り得るもの」として捉えているスタンスが見てとれる。直接的に共感を「測る」ことが最優先課題の研究でなくても、暗黙のうちに「測り得るもの」として扱っているように見える。これは、心理学領域を含めこれまでの多くの共感研究が、共感を「共感性」という一つの能力として捉えることを前提として議論を行ってきていることからも明らかである。確かに現象を要因に分けて、その因果関係や相関関係を明らかにしようとする実証的科学として心理学を構想しようとすれば、自然な流れとして、そうした研究の進め方になるのであろう。

しかし、一方でこのことは何を意味しているのだろうか。共感を「測り得るもの」とみなし、それを操作的に定義するところから出発してきた従来の共感研究は、原理的に意識の対象となる共感、あるいは輪郭をもった表象として取り出せる共感を扱うことになる。しかし、そのように表象化された共感は、人間の実感レベルでそこはかとなく感じられるような共感や、身体の働きに根差した共感――本書で問題となる「つながり」に関連しそうな共感――には十分に踏み込めないと思われる。

一方では、「共感性」として、電気筋肉運動反応や心拍数などの身体の生理学的反応、顔の表情反応、身ぶりなどの指標を測る研究も行われているが、それらはやはり生身の他者を前にして生じる実際に実感されている身体的経験とは異なる次元のものである。さらに近年では、より精巧な実験器具の開発とともに、脳内のネットワークがどのような作用によって共感反応を生じさせるのかという脳科学研究も進んでいるが[19]、脳内の認知的領域や情動的領域などと区分される以前に、私たちの身体はまとまった全体として、現前する他者との間に生じることを経験しているはずである。

感情の読み取りや感情反応のみに焦点を当てることの問題点

そもそも、従来の共感研究では共感を感情の共有であるとみなすため、他者の感情の読み取りや、他者に対する感情反応だけを検討する傾向があることも問題として挙げられる。たとえば子どもの共感を測る測定法にしても[20]、仮想の人物の感情状態を絵とストーリーの展開の中で自分で表現させるといったものであるし、顔の表情を用いて共感を測る測定法も[21][22]、他者の表情から感情を読み取らせるものであった。また、心拍数や血圧、皮膚電気反射における変化から共感的な感情反応を測る生理学的研究も――これらについては感情の種類まで特定ができないという問題点が指摘されている――基本的には共感を感情反応とみなしている[23][24]。

また、これらいわゆる「状態共感」ではなく、個人の性格特性としての「特性共感」を測る場合も、同様の傾向がある。メラビアンとエプスタインが作成した情動的共感性尺度は[25]、読んで字の如く共感の情動的側面に焦点を当てたものである。後に加藤と高木が日本版に改良したが[26]、これは共感を「感情的暖かさ」、「感情的冷淡さ」、「感情的被影響性」という三つの尺度から測るものであった。メラビアンとエプスタインの尺度を、子どもおよび青年向けに改作した特性共感尺度は[27]、相手の性による共感の違いを調べるものであったが、そのほとんどが、不安や怒りなどのネガティブな状況にある他者を見ると「かわいそうになるか」「心配になるか」といった感情反応を問う質問項目で構成されている。

先のデイヴィスの「対人的反応性指標（IRI）」にしても[7]、共感の情動的側面を見る下位尺度として設定された「共感的配慮（Empathic Concern）」の質問項目は、他者の状態や体験に対する感情的反応に注目するものであり、共感を他者の感情の読み取りや、被験者の感情的反応に回収していることが見て取れる。

これらに代表されるように、従来の共感研究では、共感の対象となる人物と同一または類似の感情反応を示すこととして共感現象を捉えている。感情というのは、怒りとか喜びとか悲しみとかの形容詞で表される通り、すでにある程度の輪郭をもったものである。しかし、実際の私たちの生活を振り返ると、他者との関係の中ではそのように明確な輪郭をもった感情に回収されることのない次元が経験されているはずである。感情反応として共感を捉えてしまうと、本来生身の人間がその身体に漠然と感受している次元で生じる微細な現象はなかなか掬いとれなくなるという問題があるのである（このことは、ストットランドらの言う〝対照的共感〟(28)のように、他者と対照的な感情反応をする共感に注目していても同じである）。

他者と「共にある」ときに生じていること

このように見てくると、実証的心理学が問題にしてきた共感は、表象化された共感、明確な輪郭をもった感情への共感であり、生身の人間の身体の次元で実感されている広義の「つながり」のことではない。

序章で述べたように、そもそも私が本書で考えようとしていることは、実感として私たちに感じられる「共にある」というあり方――「つながり」――が一体どのようなものであるかということであったわけだが、従来の共感研究はこの問いに十全に応えうるものではない。本書で問題にする「つながり」とは、必ずしも意識の対象となるわけではないし、感情的要素の同一性によって初めて生まれるものでもない。意識されるか否か、感情的に一致するか否かにかかわらず、他者と「共にある」ときに、その両者の間で生じていることにこそ焦点を当てねばならない。

要するに、個人の内に生じる表象や感情をもとに共感を捉える従来の実証的共感研究は、自他を分立したものとする枠組みを超え出ていないということである。これらは、自然科学の主客二元論的立場に則ってなされてきたわけである。自他を主客に分けることからスタートするのでは、認知的にであれ情動的にであれ、結局のところ、共感を他者の内的な「何か（表象、感情）」を「理解する（understand）」こと、もしくは、その「何か」という「もの」を「共有すること」としてしか議論できなくなる。それでは、「共にある」というあり方がどのように実感されるのかという問いには答えることができない。

2　臨床心理学における共感概念

実証的心理学において、表象や感情の共有としての共感に関する知見が積み上げられてきたことを見たが、その一方、共感と呼ばれる営みそのものが主題となり得る臨床心理学の領域では、共感はどのように語られてきたのだろうか。

心理臨床の領域は、まさに二者間の相互交流過程を扱うものである。臨床の場での共感現象が問題となるため、実証的心理学研究における操作的に定義された共感よりは、より実際的な二者関係に即した共感について議論が行われていることが期待される。しかし、この領域においてもまた、実証的心理学が根底に抱えていた自他の分立、すなわち他者の対象化という問題が長きに渡りなかなか乗り越えられない問題としてあったようである。臨床心理学領域すべてをここで概観することは困難であるため、本書の問題意識と特にかかわりの深い論者として、〝共感と内省[29]〟を主軸に据えた方法論によって、その後の間主観性理論の導きともなる理論を構築したコフートと、有名な来談者中心療法においてやはり共感的な態度を重視したロジャースを中心に見ていくこととする。

共感を重視しなかったフロイト

古典的精神分析学の祖であるフロイトは、感情移入という用語で他者理解における共感の役割を指摘しているが、共感そのものにはあまり触れていないとされている[1]。

フロイトの自我心理学は、後の関係性理論に立つ臨床家によってたびたび批判されているように、患者をあくまで対象として見るような態度を旨とする理論構築を行っており、そういう意味で自然科学的態度に貫かれていた。彼の理論においては、二者関係は、転移・逆転移という概念によって捉えられてはいたが、これらは、〝精神内的な endopsychic ものであり、対人関係的な interpersonal 過程に使われたものではない[29]〟ことが指摘されている。すなわち、関係性そのものに積極的に意味を見出すものとしてではなく、むしろ患者（または分析家）の精神内界にある病理の産物であり防がねばならないものとして扱われていたのである。

フロイトの理論において、患者の心的状態にアプローチする手段は、内省（introspection）が中核を占めており、患者を理解することは、治療者との二者間でどのようなことが生じているかということよりも、患者と治療者双方の知的洞察の能力によってなされる問題として捉えられていたといえる。つまり、心の局所論モデルや転移・逆転移などの概念を創出して人間の心を構造的かつ客観的に捉えようとした理論家としてのフロイトにとって、共感ということはあまり大きな問題ではなかったことがうかがえる。

共感の役割を重視したコフート

フロイトのように他者を対象として見ようとする立場に固執するのではなく、関係性を重視し、それまでの機械論的な精神分析学を打ち破ろうとした人物が、自己心理学を提唱したコフートである。コフートは、〝われわれの観察方法の主要な成分がわれわれの感覚 sense を含むときは物理的な現象と呼び、観察方法の主要な成分が内省と共感である時、これを心理的な現象と呼ぶことにする〟[29]と述べ、外的世界を観察する方法と内的世界を観察する方法を操作的に分けて考えた。すなわち、内省と共感によってのみ、他者の内的世界に接近しうると考えたのである。

コフートは、伝統的な精神分析において焦点化されていなかった対人関係的な過程に目を向け、〝共感と内省によって到達しうる可能性があるものだけが、精神分析的検索の、経験上、理論上の領域に含まれる〟[30]として、精神分析の領域を精緻化していった。内省に加えて共感すること、共感しうることという関与を強調することによって、伝統的な精神分析における他者の認識可能性を大きく拡大したのである。

繰り返しになるが、それまでの伝統的な精神分析において、内的な世界の探究においては、自由連想と抵抗分析としての内省を観察方法として科学的に用いることが基本であった。しかしコフートは、内省の限界を指摘し、認識の一様式として共感の役割を主張した。すなわち、他者の内的世界への接近に際し、フロイトのスタンスは、〝治療者が、患者に対して不透明性を維持し、ほとんど応答しない〟で、〝治療者は、患者が内的な願望や葛藤を置き換え、投影する、投影スクリーンとして機能する〟[31]というものであったが、コフートは、内省の代理としての他者への共感過程においてこそ、他者の精神生活に直接的に接近しうることを説いたのである。この考えに基づき、コフートはそれまで精神分析学的観察で主要な道具であった自由連想や抵抗分析は、〝内省・共感的な観察様式に仕える形で使用されるべき、補助手段と見なされるべきである[29]〟と述べている。

他者の内的生活への接近

では、このスタンスに基づいて、コフートは他者の内的世界の何を捉えようとしたのか。彼の自己心理学理論では、乳児と母親という母子関係をまず一つの単位として捉え、患者の病理は、乳幼児期の母親との関係性の中にのみ発生すると考える。自己は初めから母子の関係性の中に存在し、乳児は母親との情緒的交流を通して、そこで共感的環境を与えてくれる母親を、自分の一部として、つまり自己対象としてみなす。自己対象の機能は、自分を映し出してくれるための鏡としての機能と、理想化の対象としての機能である。そして、乳幼児が自己を保持するためには、こうした機能を果たす適切な自己対象が必要であり、それを実現するのが母親の情緒的態度であるとされている。逆に言えば、二者の関係性の中に病理を捉えるこの理論においては、その関係性における情緒的態度の欠如を一つの問題として捉えていることになる。

こうした理論から、治療場面においても、〝情緒的に体験を統合する自己対象との交流[32]〟が基本となり、〝精神分析的治癒要因として、知的洞察よりは、発達促進的な情緒的体験を強調する[33]〟という立場となった。このため、知的洞察をその方法とするそれまでの伝統的精神分析において検索が目指された抽象度の高いイドや自我、超自我から離れ、日々の体験により近い自己対象とのかかわりが分析的検索の中心に据えられた。

コフートは、〝認識の一様式としての共感の役割を強調し、また他者の精神生活に対してわれわれに可能な唯一の〈直接的な〉接近手段であるところの共感過程の中で，それを科学的に用いることを強調した〟(29)のである。そのために定式化したのが，〝人の表現をその人自身の主観的準拠枠の内側――外側ではなく内側――から理解しようとする〟共感的・内省的探索様式（empathic-introspective mode of inquiry）である。共感的・内省的探索様式とは，〝精神分析は，錯綜した精神状態を扱う心理学であり，それは，観察者が，人間の内面生活の中へ根気強く共感―内省的に身を入れることから支援されて，その資料を集めて解釈することを目指すものである〟(29)という立場に基づく態度であり，欲動ではなく，人間の内的生活に注目をしようとする新しい態度だといえる。

つまり，コフートは，共感によって患者の内的生活に直接的に接近しようとした。他者の（表象や感情というよりも）内的世界全体を「感じる」こととして共感を捉えているといえる。この点で，前節で見た実証的心理学が表象や感情の一致として共感を捉えたことや，フロイトが客観的対象として患者の経験を認識する態度を重視していたことと異なる。コフートにとっての共感は，他者の内的人生の経験なのである。(34)これは，患者に対して中立性を守ろうとする伝統的な精神分析からすれば，より日常的な人間関係に即した捉え方だといえる。

〝観察の道具〟としての共感

しかし，一方で，コフートの理論に一貫して「観察」という言葉が出てくることからもうかがえるように，彼は他者の内面生活にアプローチするための共感を〝観察の道具〟であるとしている。(29)たとえば，共感について，〝価値―中立的な観察道具であって，つまり，（a）正しい，あるいは誤った結果をみちびくことができ，（b）同情とか敵意のためにも，公正―中立的な目的のためにも用いられ，（c）

すばやく意識の外側で用いることも、あるいはゆっくりと慎重に、意識的な注意を焦点づけることによって用いることもできる〟[34]としている。この言及で示されている共感は、いわば分析家が能動的に用いることのできる共感であり、序章で見たような能動的であると同時に受動的でもあるような「つながり」のあり方とは、まだずいぶん距離があるように見える。

私見では、他者の内的人生の経験として共感を捉える見方と、〝観察の道具〟として共感を捉える見方は、相容れない見方であるようにも思える。観察するということは、他者を観察される存在として対象化することを前提に為される行為であり、対象化以前の次元で、言わば現在進行形（ing 形）で生きられている経験とは異なる次元の行為だからである。他者の内的人生を経験するということは、それを現在進行形で共に生きるということでなければならない。

情緒的交流を重視し、精神分析において共感というものを初めて具体的にその理論に取り入れたものの、コフートの共感の捉え方は、こうした点において曖昧な部分を含んでいたようである。実際、彼の後継者であるストロロウも、コフートの共感の曖昧さについて後に言及している。それは、情報収集活動としての共感と、人々の間の強い感情的結びつきとしての共感が混交しているという曖昧さである[1]。サリヴァン[35]は、〝精神医学とは精神科医がその注意深い観察者であり同時に関与者でもあるようなたぐいの事象または過程を扱うところの、目下発展途上にある一科学である〟と述べているが、コフートの共感概念に対する曖昧さは、生身の人間に対してかかわることと観察することの非常に入り組んだ関係を十分に整理できなかったために生じたものであったと考えられる。

コフートは、先述のように、認識の一様式としての共感の役割を強調し、それを科学的に用いることを強調した。これは、ある意味では、自然科学的態度を貫こうとしたフロイトと同じ道にいるようにも思える。その一方で、自然科学的態度に則って中立性を堅持しようとするフロイト的なスタンスに対して、コフートが共感を重視することで、より経験の次元に近い他者理解のあり方を議論していったことは、精神分析学における大きなパラダイム転換であったと位置づけることができるのではないだろうか。

他者との相互的交流過程を重視したロジャース

ところで、臨床心理学領域において共感を重視した論者として、もう一人、来談者中心療法を創始したロジャースについても言及しておかねばならない。ロジャースは、コフートが〝共感を用いるのは情報収集の一手段に過ぎない〟としているのを読んで〝ここで私たちは袂を分かってしまいました。このように冷淡に、機械的に理解能力を使用することに、私は嫌悪を覚えてしまったのです〟と述べている[36]。彼は、観察の道具としてというよりは、他者との間の経験そのものとして、共感に目を向けていたようである。

共感についてのロジャースの捉え方は、〝他者の私的な知的生活に潜入し、そこですっかりくつろぐことである[36]〟というものであり、共感的理解とは〝こちらの考えや価値を一時保留停止にして、相手の世界を生き、経験し、そこで感じとったものを相手にコミュニケートすること[1]〟を意味していた。このことからは、外部的観察者に徹したフロイトとはもちろん、共感を観察の道具として捉えていたコフートとも異なり、ロジャースが患者とかかわる際に経験される相互的交流過程そのものを重視していることがうかがえる。ただし、来談者中心療法と言われる彼のアプローチにおける共感は、あくまで治療者が来談者に「差し向ける」ものとして捉えられており、やはり、「つながり」がふと生じるといった受動的契機――あるいは否応なく共感に「囚われてしまう」という受動的経験など――を、その理論の射程に十分組み入れているとは言えない。

「つながり」の受動的契機

コフートにしろ、ロジャースにしろ、共感をはっきりとした輪郭をもつ感情の読み取りとして捉える実証的心理学の見方に比べれば、より私たちの経験に近い共感を扱おうとしている。しかし他方で、本書で扱おうとしている「つながり」に含まれる受動的契機については、十分主題化しているとは言えない。コフートは、患者の内的世界を観察するために治療者が能動的に用いる手段として共感を位置づけていた。また、治療者側の〝考えや価値を一時保留にして、相手の世界を生き〟ることを重視したロジャースの共感も、来談者中心療法の不可欠な一部、相手を能動的に尊重しようとする態度の表現である。もちろん、それは二人が共に治療的実践者であり、まずもって臨床の現場でいかにして患者を理解していくのかという方法論の中で共感を語らねばならなかったがゆえの、必然的帰結であるとも言える。しかし、そのことが逆説的に、時に能動の相を生き、時に受動の相を生きるような私たちの経験における「つながり」、小澤の表現した〝生命の海〟(序章を参照)のような「つながり」を扱うことを難しくしているとも言えるのである。

＊

「他者理解＝分かる」とは別の「つながり」

ここまで、実証的心理学および臨床心理学において、共感がどのように捉えられてきたかを振り返り気づかされるのは、これまで暗黙の裡に自明視されてきた他者理解という枠組みの限定性である。他者理解ということが問題にされれば、当然、他者を理解することが第一の主要課題であり、それがあって初めて他者との関係も築かれるのだという方向に思考が進みやすい。言い換えれば、これまでの共感研究においては、他者を「分かる」ことが常に問題とされてきた。

もちろん、私たちの日常においても、「分かる」ことが重要になる局面はあるのは間違いないが、しかしそれに収まらない「共にある」というあり方——「つながり」——が存在するのではないか、というのが本書の問題意識である。この「つながり」は、「他者理解＝分かる」とは別次元のものだと思われる。

「分かる」とは、相手を対象化した上で為すことである。一方、他者と良好な関係性をもちえていると感じるときの私たちのあり方は、目の前の他者を対象化することなく、もちろん観察という手段的な行為をそこに持ち込むこともなく、自他に通底する「ある感じ」を緩やかに感じながら在る、とでも言えるようなものである。序章で挙げた、母と祖母の「共にある」ありようは、そうした類のものである。それは、対象を「分かる」ことを第一義とするのとはまったく別次元の他者との関係のもち方であり、ここまで振り返ってきた実証的心理学や臨床心理学の諸理論はまだ十分にそれを主題化し、説明することができていない。

本書で問題にする「つながり」、小澤が表現した〝生命の海〟のイメージが象徴的に表現する「つながり」は、対象化した相手を自らが能動の主体として「分かる」という枠組みでは語ることができない。なぜなら、「つながり」は、「他者理解＝分かる」が成立するか否かということの前に、海を分有して存在するむすぼれどうしのあいだですでに存在しているからである。「つながり」を議論するためには、人間を「分かる」という行為を為す能動の主体として位置づけるような見方をまず排さねばならない。むしろ、私たちのベースに本当はすでに存在するむすぼれどうしの「つながり」が、「つながり」として実感されるということがいかなることなのかをこそ、問題にせねばならない。

第2節　関係の枠組みとしての間主観性

1　臨床心理学における間主観性

関係性の重視へ

ここまで、本書で考えようとしている他者と「共にある」というあり方――「つながり」――に関連して、心理学という学問領域において共感という概念がどのように検討されてきたのかを見てきた。上で述べたように、実証的心理学における共感も臨床心理学における共感も、「他者理解＝分かる」に重きを置いているが、それは私たちが日常生活で営んでいる他者関係を必ずしも実感に即したかたちで説明し得ているとは言い難い。

そんな中、コフートの自己心理学の流れを受け継いだ臨床心理学や発達心理学の領域では、一九八〇年代以降、間主観性という、より〝経験に即した（experience near な）〟[37]二者関係のありようを考えるための概念が新たに台頭してくることとなった。この動向の背景には、フロイト以降、心的内界を対象として扱う自我心理学が米国で確立されていった一方で、英国でクラインやウィニコットなど対象関係論学派が発展していったことが大きく影響しているだろう。対象関係論学派では、自己を他者との関係として見るという新たな捉え方が浸透していった。これに加えて、自己は生涯を通して社会的、心理的に成長していくという生涯発達の考え方が広まり、フロイトの幼児期決定論からの脱却が図られたことも、心理学領域全体における重要な変化であった。

こうした流れの中で、臨床心理学では、治療者ー患者間の非言語的な情緒的交流がますます重視されるようになっていった。また、それと同時に、発達研究領域においても、ピアジェの個体能力発達論が相対化され、他者との情緒的な結びつきの重要性を強調するために間主観性という概念が取り入れられるようになっていった。

具体的には、まず臨床心理学において間主観性に目を向けた理論として、関係性を重視するコフートの自己心理学を発展させたストロロウの間主観的アプローチが挙げられる。一方、発達研究においては、コフートの自己対象概念から影響を受けたスターンの自己感の発達論などがその例として挙げられる。他者理解に関する問題は、〝観察者が同時に被観察者である〟[30]という心理臨床の逃れられない現実を受け入れることを契機として、共感から間主観性へと、より具体的な二者の相互交流の問題として発展していくことになったように見える。これは、人間が他者とかかわり合いながら生きる存在であるという、関係性重視の理論へのパラダイム転換だと言える。事実、ストロロウは、〝間主観性という概念の展開は、ある意味で、精神病理があたかも患者の中だけに所在するプロセスであるかのように使う古典的精神分析に対するアンチテーゼである〟と明確に述べている[30]。

〝主観的現実〟

そもそも、上で見てきたような、他者を「分かる」ことと同一視される他者理解は、ストロロウが、間主観的アプローチを論じるにあたって指摘したように、〝客観的現実 objective reality〟の存在を前提としていた[30]。患者の内的世界という〝客観的現実〟を「把握する」、「解釈する」ということが他者理解として捉えられてきたわけである。しかし、間主観的アプローチでは、治療者が分析によって知りえ、後に患者も知るようになる〝客観的現実〟を前提とはせず、〝精神分析的な検索（つまり、内省と共感）の対象となり、精神分析的な検索が接近しうる唯一の現実は、主観的現実――患者のそれと治療者のそれ、そして、両者の相互交流により創造される心理的な場――である〟として、〝主観的現実〟という、もう一つの現実が重視された[30]。

さらに、ストロロウは、〝精神分析は、もはや隔離された無意識の心の深層の、考古学的発掘ではない。むしろそれは、目下の探究への治療者の体験世界の抜き差しならぬ寄与を念頭においた上での、患者の体験世界の、対話的探究である〟[31]と述べている。臨床的現象を患者の内的な心の内側に閉じ込めてそれを外から捉えるという態度ではなく、そこに共にいる者どうしで「主観的現実」を形成していく場に患者の心を見ようとするこの態度は、明らかにそれまでの古典派精神分析には見られなかった新たなる立場である。〝間主観的なパースペクティブに基づく精神療法は、その基本において、患者の主観的体験に特権的地位を与えている〟[31]のである。

たとえば、バースキーとハグランドが例で挙げているように、クレームブリュレの物質的現実ならば、物理と化学の法則と実験手法を用いて成分分析をすればよいが、〝他者のクレームブリュレ体験となると、それについて、その人が報告する主観的体験からしか理解できない〟[31]。

こうした観点に立ち、ストロロウは、共感と内省を重視するコフートの主張を踏襲した上で、治療者が、患者についての客観的知識を所有しているとは考えず、治療者が持っているのは、〝彼自身の主観的準拠枠 frame of reference（個人がものを見る際の傾倒的な原理 principle や一群の事実・思想）[30]〟であるとみなした。この主観的準拠枠をもって、治療者は、〝分析的データを、筋の通ったテーマと相互関係というまとまりへとオーガナイズしようとする[30]〟のである。

これにより、それまで重きが置かれ、焦点が当てられてきた「客観的現実」は、あくまでも〝主観的真実が具象化されたもの[30]〟にすぎないとみなされることとなった。したがって、ストロロウの間主観的アプローチとは、〝精神分析的理解の展開は、二つのパーソナルな世界の間の対話を伴う、間主観的なプロセス[30]〟であるとして、患者と治療者という二者の体験のコンテクストの解明を基盤としたものだといえる。

間主観的な場

ストロロウは、具体的に、間主観的なアプローチの本質的要素について次のように述べている。〝精神分析は、二つの主観性――患者の主観性と治療者のそれ――の交差が構成する特定の心理的な場において起こる現象を解明 illuminate しようとする…（中略）…ここで精神分析は、観察者の主観的世界と被観察者のそれという、それぞれ別個にオーガナイズされた二つの主観的世界の相互作用に焦点を当てる、間主観性の intersubjective 科学として捉えられている。その観察の姿勢 stance は常に、観察の対象となる間主観的な場 field の内側にあり、外側にはない。その事実が、観察の方法としての内省と共感の中心性を保証する。…（中略）…精神分析は、観察者が同時に被観察者であるという点において、諸科学の中でもユニークな存在である[30]〟。この言及からも見えてくるように、間主観性という考え方においては、患者の病理を、個人内部へと回収して捉えず、関係性の内部、すなわち間主観的な場の中に捉えようとする態度が明確化されたのだと言える。

体験のオーガナイゼーション

では、ストロロウは観察の対象となる間主観的な場をどのように捉えていたのだろうか。客観主義的な古典派精神分析においては、治療者と患者の関係は主として転移や逆転移といった概念によって捉えられたが、それらは患者の内部にある無意識を解釈していく知的作業の障がいや不純物であるといった意味合いが強かった。一方、患者と治療者の二つの主観的世界の相互作用によって創造される間主観的現実を分析の対象とした間主観的アプローチにおいては、〝患者の心理的生活全体の縮図[30]〟とも言える転移は、間主観的現象として、すなわち体験のオーガナイゼーションとして捉え直されることとなった。

この、体験のオーガナイゼーションという新たな考え方は、精神分析の治療における分析の基本単位を患者の〝体験の構造[31]〟とみなし、〝治療の目標を関係性に関する新たな見込みを獲得すること[31]〟とした間主観性理論の特徴として非常に重要である。すなわち、患者がそもそももっている体験のパターンやテーマ、あるいは構造をオーガナイジングプリンシプルと呼び、治療者の〝共感的理解の寄与を受けた間主観的対話[30]〟によって、患者はこれを自覚する。そして、体験をオーガナイズする活動としての転移を通して、新しい体験のオーガナイゼーションと新しいオーガナイジングプリンシプルの形成を図ることが目指されたのである。これはすなわち、治療者による、〝患者の主観的準拠枠への揺るぎない検索[30]〟の促進を意味している。

〝聴くスタンス〟としての共感

また、共感についても、ストロロウは、〝治療者の聴くスタンス[31]〟のみを意味するものとして捉え、コフートにおいて曖昧であった共感の意味づけを明確にしている。共感の、態度としての側面を重視し、理解の手段としての共感の側面と明確に切り分けたのである。〝聴くスタンス〟を貫き、二つの主観的世界の相互作用に着目するという立場から、共感的・内省的探索様式を持続的共感的検索態度として捉え直した。

では、具体的に治療者による患者の主観的準拠枠への検索はどのように為されるのだろうか。この点が他者理解の問題に直接的にかかわっていると言えるが、間主観性理論においては、〝情動性が、…（中略）…主観的体験の根源的なオーガナイザー〟[31]であるとされている。これは、オーガナイジングプリンシプルの基盤が、乳幼児期からの養育者や周囲の他者との情動的なかかわりの中で形成されることを考えても妥当であろう。したがって、治療における相互交流の中での体験のオーガナイゼーションにあたっても、治療者との情動的な次元におけるかかわりが重要となる。

「感じる」という次元を重視する見方

これらのことから指摘できるのは、間主観的アプローチは、中立性や客観主義的立場を重視したフロイトのスタンスは言うまでもなく、〝観察の道具〟としての共感を重視したコフートのスタンスを超えて、二者の関係の情動的な次元のやりとりが重要であることを明確にしたということだろう。実際に、ストロロウは、コフートの貢献を、〝本能的欲動の首位性 primacy から情動と情動体験の首位性へという動機づけ理論の推移〟[30]として認識した上で、患者の主観的体験に対する応答を表すものとして、〝情動応答性〟[31]という概念を提示している。ストロロウのみでなく、後で取り上げる、コフートに影響を受けたスターンも同様に、発達研究の領域において、自己感の発達に寄与するものとして他者とのかかわりにおける情動性を重視している。[37]

ここに、「他者理解＝分かる」を重視してきたこれまでの見方に対して、「感じる」という次元をより重視するような見方が開かれ始めたことが見て取れる。治療者が優位に立って特権的に見定める〝客観的現実〟でなく、情動体験に重きを置きつつ、対等な主観性が交わる場に目を向けて患者を捉えようとしたストロロウの間主観的アプローチは、この意味で、本書が問題にしている「共にある」というあり方――「つながり」――へと近づいてきたと言える。

自他の区別という潜在的な前提

ただし、治療者とは異なる主観的準拠枠を持つ患者との情動的な交流をしながら、〝患者の主観的準拠枠への揺るぎない検索〟をしていこうとする姿勢からは、未だに自他の区別が潜在的に前提とされていることがうかがわれる。相互交流の場において「感じる」ことを重視するとは言うものの、そもそもの前提として自他が明確に切り分けられているのであれば、最終的には他者の主観的準拠枠への接近は推論に頼るしかないのではないかという疑念が残る。

そもそも私たちは、日常、他者関係を営むとき、他者を〝検索〟することはあまりないだろう。〝検索〟するとは、自分には見えない他者の内側にある主観的準拠枠の中の何らかの対象を探し出すことであり、私たちの日常の他者関係の実感に馴染まない行為である。

また、こうした自他の区別に関連して、間主観性理論の特徴である「場」が何を指すかという問題もある。確かに、二者が相互に創り出す間主観的な「場」という考え方は有意義ではあるのだが、果たしてその「場」が、目の前にいるというだけでお互いに何かしら影響を与え始めてしまう生身の人間のかかわり合う「場」を意味していたのか、ということへの疑問が残る。

私たちが日常において他者とかかわるとき、必ずその「場」にはある特有の空気感がまとわれている。その空気感が私たちの対人関係を大きく動かしていく側面があると思われるが、間主観性理論が焦点を当てる「場」は、そうした空気感そのものとしての「場性」というよりも、相互の主観的世界の相互交流によって初めて開けてくるような、いささか人工的な「場」を想定しているように見える。

実際、ストロロウ自身が明確に述べている通り、間主観的アプローチで問題にされる「場」とは、〝言葉化される articulated〟(30) ことによって形成されていくものであってみれば、その場にいる者に、言葉の次元とは別次元で影響を与えている空気感という意味での場性は、必ずしも想定されてはいなかったようである。この意味では、精神分析学における間主観的な場というのは、やはり個と個の間に生まれる第三項であり、患者という個を対象化して捉えるための一つの経路としての意味合いが大きかったように感じられる。

古典派精神分析学に間主観性という概念を取り入れた間主観的アプローチは、患者と治療者が相互に創り出すコンテクストに着目するという点において、学問上大きな進展であったに違いないが、必ずしも本書で問題としている「共にある」というあり方——自他の区分を前提としない「つながり」——を捉えるものではなかったと言える。

2　発達研究における間主観性

乳児研究と間主観性

間主観性という概念への注目が集まったのは、精神分析学領域だけに限られない。先にも述べたように、コフートの自己心理学に影響を受けつつ、乳児研究において情動の重要性に目を向けたスターンもこれに注目した一人であった。また、発達研究領域においても関係性を重視する流れが生じる中で、スターンの他にもメルツォフやトレヴァーセンなどが間主観性という概念を重視しながら各々の理論を展開させていった。彼らは共通して、乳児がいかにして他者の心の状態を感じ取るのかという問題に対して、間主観性を理論の中核に位置づけている。

精神分析学領域における間主観性概念とこうした乳児研究における間主観的概念の統合を試み、認知的発達レベルによって間主観性の諸様式が異なることを論じたビービーら[38]は、これら二領域における間主観性概念の違いについて、前者は間主観性の概念を〝主として言語的 verbal で、判然とした explicit ものとして〟、後者は〝非言語的 nonverbal で、暗黙の implicit 側面から〟論じてきたと指摘している。この違いは、大人の精神分析が、患者の主観的世界や体験を言語化していくという作業と切り離せないこと、その一方で、乳児研究では、まだ言語を獲得していない乳児と養育者との相互交流に焦点が当てられることに鑑みれば、ごく自然のことであろう。

加えて、ビービーらは、〝コミュニカティブな能力は言語よりもはるかに根源的〟で、言語に先立つものであり、〝心の起源は、二者的、対話的であり、大人版の間主観性は、乳児版のそれに基づいている〟と述べている[38]。この言及から、「他者理解＝分かる」が問題になる以前の二者関係のありようについての示唆が、これら発達研究から得られるのではないかという期待が高まる。実際、精神分析学の理論家も、〝乳幼児研究と情動の理論は、如何にして患者の情緒表現を理解するかに関し、地形図を臨床家に提供する〟[31]として、発達研究の知見に可能性を見出している。

乳児の模倣と間主観性

では具体的に、発達研究における間主観性理論では、乳児と養育者の二者関係はどのように考えられてきたのだろうか。

スターンに代表される乳児研究者たちは、母親が乳児との関係においてどのように対応するかが、乳児の発達に大きく影響するという立場に立ち、〝凝視、顔の表情、空間的位置づけ、触れ合い、姿勢、そして発生の韻律的およびリズム的次元を含む、コミュニケーションのうちでも暗黙の、手順的次元〟[38]に着目した。

こうした非言語的なコミュニケーションを通して、どのように乳児は他者の状態を知るのかということについて、メルツォフは実験的方法によって乳児の模倣行動から研究を続けている。一方で、トレヴァーセンとスターンは、乳児と養育者の自然な対面交流の観察によって、乳児が自己をどのように認識するようになるのかということに焦点を当てながら研究している。この答えに関する三人の共通点は、いずれも、〝知覚様式交叉的一致 crossmodal correspondence〟[38]という概念を用いていることである。これは端的に言えば、〝触ったものと見たものが同じものであると認識する〟[37]といった能力、すなわちいくつかの異なった知覚様式を通して得られる情報を統合させる能力であり、これが基盤となって、乳児は他者の状態を知ることができるのだという考え方である。

たとえば、メルツォフは、他者の顔から読み取ったものと、自らの動きや位置に関する感覚である固有覚を通して自分の顔に感じるものとの間を、乳児は知覚様式交差的に一致させることとして新生児模倣を論じた。生後三週間の乳児が、大人が舌を出したり口を開けたりする行動の真似をするという有名な研究である。彼はこの研究によって、乳児が、生得的に、目にしたものを自らにマッピングして、

「あなたは私に似ている」という枠組みによる知覚を生み出すと述べている。[39] つまり、〝環境刺激と内的状態との間の翻訳[38]〟によって、目にしたものを自らに置き換えて知覚できるこの能力を乳児は持ち、これが間主観性の起源になると見ているのである。メルツォフは、視覚的に知覚した相手の行動と自らの内的状態との一致を、他者との心の交流の起源とみなしたということができるだろう。

トレヴァーセンもまた、新生児の模倣に注目し、生得的な間主観性を唱えた一人である。彼は、言語以前にまずコミュニカティブな能力が根底にあるとしたライアンとハーバーマスから影響を受け、乳児は発話以前から他者への高い感受性をもち、新生児でも二者間で会話する心を生まれながらにして備えていると考える。養育者とのこうした前言語的な原始的会話が、生得的な第一次間主観性として言語発達の基盤となると主張した。

ビービーらが、トレヴァーセンの間主観性について、〝間主観的協調のもっとも基本的なメカニズムは、コミュニカティブな表現の、知覚様式横断的な、時間、形、強度を介してのマッチングである〟と述べているように[38]、トレヴァーセンにおける間主観的な相互のやりとりは、単に他者の模倣という形form に注目したメルツォフと異なり、母親との相互交流の中で双方向的に生じる行動のタイミング、形、強度の類似性をもって成立しているとみなされた。つまり、母親という他者との間で何らかの行動が、時間において、形において、強弱においてマッチングすることによって、お互いに内的状態を共鳴させたり反映させたりすることができるというのが、トレヴァーセンの間主観性の考え方である。

「意図」以前の「感じる」次元

大人の精神分析における間主観性は、先にも述べた通り、言語的な次元でオーガナイズされるものが想定されていた一方、メルツォフやトレヴァーセンといった乳児研究者は、間主観性を前言語的な対話として考えていたようである。二人とも、他者の心を知るという問題について、模倣やマッチングといった行動に焦点を当てて、他者との交流の起源を研究した。近年の脳科学におけるミラーニューロン研究からも、他者の行動を視覚情報として得ただけで、自分がそれと同じことをしたときと同様に活発化する視覚—運動ニューロンが見出されており、(40)乳児が自らの行為と他者の行為との一致を認識することができるという彼らの理論が補強されていると言える。

さらに、対面コミュニケーションの観察によって研究を行ったトレヴァーセンにおいては、双方向のやりとりの中で互いの意図を理解するようになる第二次主観性についても論じられている。生後九ヶ月頃に、発達初期の単純な相互同期的な行動である第一次間主観性から第二次間主観性への変化が生じ、これによって他者とのかかわりの質が変わってくるというのである。トレヴァーセンによれば、この第二次間主観性への移行によって、乳児は他者の意図を了解した行動がとれるようになる。

この第二次間主観性の成立は、他者関係の上で非常に重要である。これが、言語発達に必要な前段階となるという意味においてだけでなく、この第二次間主観性に基づく〝相互意図性(41)〟によってお互いにどのような意図があっての行動なのか、分かり合い、通じ合う感じが生じてくるからである。これは、他者と「共に」生活をしていく人間にとって非常に根幹になる部分だと言える。

しかし一方で、人が実際に他者と「共に」生活をする中では、何らかの明らかな意図のある行動だけでなく、そうした明白な意図以前の「感じる」次元の主観的体験が重要な意味を持つ。言い換えれば、必ずしも、行動の類似性や意図の共有のみに他者とのかかわりが回収されるわけではない。この点において、メルツォフやトレヴァーセンの間主観性理論はまだ限局的なものに留まっている。

間情動性を基盤としたコミュニケーション

一方、スターンは、メルツォフやトレヴァーセンの研究も取り入れながら同時期に自己感の発達について研究を進めていたが、行動の一致や意図の理解という次元に留まらず、行動の背後にある感情や情動へと焦点を移行し、より内的な、他者の主観的体験の共有を視野に入れた間主観性理論を展開した。

スターンはまず、それまでの、精神分析による再構成で描き出された乳児を臨床乳児 clinical infant と呼び、乳児の実際の主観的体験に迫るためには、第二のアプローチとして〝行動を起こしたまさにその時点で吟味を受ける被観察乳児 observed infant〟からの知見が必要であると指摘した(37)。彼は、臨床乳児と被観察乳児双方についての研究を視野に入れながら、外側から観察できる行動的・能力的側面から推定される乳児の内的・主観的側面、すなわち自己感を問題にしたわけである。

スターンは、九ヶ月〜一二ヶ月の乳児が母親からいったん引き離された後、母親に再会した時に彼らの見せる表情を観察した MacKain らの実験研究から、乳児が〝自分自身の内部に体験された感情状態と、他者の「表面」や「内部」に見られる感情状態の間に対応を作り出す(37)〟ことを見出した。そしてこれを、情動状態の共有を可能にする〝間情動性(37)〟と呼んで、間注意性や間意図性などと区別し、主観的体験共有のための最も原初的かつ重要な様式であるとした。この間情動性が基盤となって、乳児と養育者の非言語的なコミュニケーションが充実していくと考えたのである。

情動調律

スターンの理論において、特に重要なのは、この間情動性に関わる情動調律 affect atunement と生気情動 vitality affect である。情動調律とは、他者が示した〝内的状態の行動による表現形をそのまま模倣することなしに、共有された情動状態がどんな性質のものか表現する行動をとること[37]〟である。

スターンにとっての間主観性の領域とは、この情動調律が盛んに行われる場であると言っても良いだろう。スターンは、母親と乳児の間で情動が間主観的に共有されるためには、行動的な模倣だけでは不十分であり、情動調律が必要だと考えるのである。

スターンの情動調律の例としてよく挙げられるのが以下のものである。

〝生後九ヶ月になる女の子が、あるおもちゃにとても興奮し、それをつかもうとする。それを手にすると、その子は「アー!」という喜びの声を上げ、母親の方を見る。母親もその子を見返し、肩をすくめて、ゴーゴーダンサーのように上半身を大きく振って見せる。その身体の動きは、娘が「アー!」と言っている間だけ続くが、同じくらい強烈な興奮と喜びに満ちている[37]〟。

スターンによると、乳児が九ヶ月近くになると、母親は、それまでの模倣のような行動に加えて、こうした〝内的状態の行動による表現形をそのまま模倣することなしに、共有された情動状態がどんな性質のものか表現する行動をとる[37]〟という。このような情動調律行動は、〝出来事を鋳直し、行動の背後にあるものや共有された感情へと注意の的を移[37]〟す。これは、親の本能的な直感のようなものだとされているが、模倣ではなく、母親のこうした情動調律によって、乳児は、母親と情動の次元で交流し、目には見えない他者の内的状態に触れることに開かれていくとスターンは考える。

情動調律と共感の違い

この情動調律は、感情共鳴という点で非常に類似性があるように見えながらも共感とは異なるとされる。スターンは、〝調律は意識されることなく、ほとんど自動的に起こるのに対し、共感は、知的過程を媒介としている〟と述べている。[37] つまり、どちらも感情共鳴なしには起こりえないが、共感がその感情共鳴から認知的過程を経るのに対し、〝調律は感情共鳴の体験を、自動的に他の表現型へと変換し、必ずしも共感的認識や共感的対応へとは進行し〟ないとしている。[37]

感情共鳴の体験を、〝自動的に他の表現型へと変換〟するというスターンの考え方は、これまでの論者と明確に異なる。すなわち、メルツォフやトレヴァーセンが二者の行動の一致をもって他者との交流とみなしたのに対して、スターンの情動調律の場合、行動的な同型性は必ずしも必要ないのである。たとえば先に挙げたゴーゴーダンサーの母親の例では、母親の行動の原型として輪郭のある明確な行動は措定されない。ここで母親が乳児のありようから得て、かつそこへ向けて自らを調律しているのは、乳児の感情状態なのである。この感情共鳴の体験を母親なりの自然な表現に変換して交流している。

生気情動

ところで、母親が乳児の感情状態に調律するとはいうものの、その感情は必ずしも喜びや怒りといった言葉で規定されるような明確な輪郭をもったものではない。先のゴーゴーダンサーの例でも、単なる喜びというよりは、より動的で原始的な興奮状態がそのままの形で共有されているように見える。このような広義の情動を、スターンは生気情動と呼ぶ。[37]

生気情動とは、人との出会いによって直接起こってくるもので、怒りや喜び、悲しみなどといったカテゴリー性の情動より広義の、たとえば、怒りや喜びの〝ほとばしり〟といえるようなものだという。[37] スターンの挙げている例で言えば、誰かが椅子から〝爆発的に〟立ち上がるのを見るとき、私たちは、その爆発性が、怒りなのか、驚きなのか喜びなのか分からない。けれどもそこには紛れもなく力動的な

〝ほとばしり〟を感じる。その他にも、〝波のように押し寄せる〟、〝あせていく〟、〝移ろいやすい〟、〝爆発的な〟、〝次第に強まる〟、〝次第に弱まる〟、〝溢れんばかりの〟、〝情感をそそる〟といった力動感がどのような現象にも必ず伴われているが、そうしたものが生気情動である。(37)

より身近な例を挙げれば、音楽やスポーツなどをCDやテレビで観る（聞く）のと、実際にコンサート会場やスタジアムに足を運んで観るのとは、たとえ同じものを観るのでも当人にとってはまったく異なる体験であろう。前者が日常的な時間の一部としての、比較的穏やかな体験であるのに比べて、後者は、演奏者や選手の息遣い、独特の間、熱狂やスピード感などを身をもって感じることができるような、迫真的な体験である。その場にいることでしか得られないほとばしりを身に被ることで、演奏に合わせて身体を揺らしたり、選手の一挙手一投足に息を飲んだり、思わず自らの手足に力が入ったりということが自然に生じてくる。これらも情動調律の一種である。

このようにスターンの情動調律は、現象の有する生気情動に伴って生じるものだといえ、この二つは切り離すことができない。こうした情動調律を通して情動状態の共有が果たされると見るのが、スターンの間主観性理論の骨格である。彼の考え方は、これまでのどの論者よりも私たちの日常の他者との交流に迫ったものだと言えよう。

生き生きとした主観的体験がスポイルされる

ただ、スターンにもいくつか問題がある。まず一つ目に、たとえば、大倉は、〝客観主義的観察に引きずられすぎる結果、スターンは目に見える能力や行動の発達から乳児の主観性を推測するのみに留まり、人間の非常に複雑な感情の揺れ動きにダイナミックに迫っていく精神分析の鋭さを失ってしまったのではないか〟と指摘している。(42)〝対象関係論が描き出していたような子どもの生き生きとした主観的過程がスポイルされてしまっているのではないか〟というのである。(42)

これは、精神分析の臨床場面で再構成されたものとしての臨床乳児からのみでは、乳児の本当の主観的世界は捉えられないとして、乳児の直接観察を試みたスターンにおける逆説的な結果ではないだろうか。目に見える行動に引きずられ、乳児の生き生きとした主観的過程がスポイルされてしまっていることは、スターンの自己感の発達の捉え方にも現れている。彼は、乳児の自己感が、新生自己感、中核的自己感、主観的自己感、言語的自己感と発達していくという理論を立てたが、その道程は、乳児が個体として出発し、発達するにつれ外部とのコミュニケーションに開かれていくというものである。この捉え方は、大倉が指摘する通り、〝典型的な「内から外へ」の枠組み(42)〟であり、そこには自と他の存在を分立したものとして前提するこれまで同様の客観主義的な捉え方が潜んでいると見ることができる。

通じ合わないことも含む「つながり」

また、もう一点、スターンの理論はこれまでのどの論者よりも、明確な輪郭をもった感情以外のものをも「感じる」次元を問題にしていることは間違いないのだが、しかし、スターンの理論もやはり互いの間で「感じられたもの（生気情動）」の一致ということに焦点づけられているように見えるという問題もある。

果たして他者との「つながり」とは、そうした「感じられたもの（生気情動）」の一致のみに回収されるものだろうか。たとえば、序章にも触れた私の実父の闘病生活において形成された「つながり」は、単純に「感じられたもの（生気情動）」の一致によるものではなかった。もちろん、「感じられたものの（生気情動）」の一致による「つながった」感じを得たことはあったが、それよりもむしろ、ほとんどの時間、実父の病室で互いに別々のことをしていながらも、「つながり」の実感は得られるようになったのである。闘病生活が始まった当初、私はそれこそ父のことを「分かろう」、「つながりたい」と強く思っていた。しかし皮肉にもそうした思いが先行しているときには「つながれず」、闘病生活を共にしていく時間が流れ、そうした強い思いをもはや持たなくなったとき、お互いが独立してそれぞれのことをしていても、二人が同じ場を共有し、ゆるやかに「つながっている」感じを持てたのである。もちろんその中では、当然通じ合わないことも生じていた。「つながり」とは、おそらく必ずしも生気情動や情動調律によって通じ合っているという事態ではなく、むしろ通じ合わないことをも含み込んで成立している事態だと言えるのではないだろうか。

＊

間主観性概念の限界

ここまで、一九八〇年代以降、臨床心理学と発達研究双方の領域で同時に登場してきた間主観性概念について見てきた。特に、最後に挙げたスターンの情動調律の考え方は、日常の私たちの他者関係を考えていく上で実感に非常に近いものだと言えるだろう。しかしやはり、そこには自他の分立という前提や、その切り分けられた両者において「感じられたもの（生気情動）」が一致することこそが重要であるという見方が、色濃く残っていた。発達研究においてようやく「感じる」という身体の次元にまで議論が進んではきたものの、そこでは「感じられたもの」の一致という事態ばかりに焦点化され、「感じる身体」をもった二者が通じ合わない場面も含めていかにかかわり合っているのか、という点については触れられていないことが明らかになったと言える。

このことを確認した上で、次章では他者と「共にある」というあり方――「つながり」――を考える上で、能動の相だけでなく受動の相も含み込んだ経験の主体としての身体の存在を重視する本書の立場について述べていくが、その前に次節で、本書とも志向性が通じる近年の質的研究における他者理解を確認しておきたい。

第3節　臨床実践についての質的研究における他者理解

二者の気持ちの向け合いに注目する研究

近年、医療・看護や教育・保育などさまざまな対人支援の現場において、そこで生じている一つひとつの出来事の意味を現象学的立場から明らかにしようとする研究が増えつつある。鷲田が、現象学を〝「生きられた経験」の学〟として、「生きられた世界」へ立ち返ることをその原点と述べているように(43)、「生きられた場」において、「私」に感じられたことそのものを出発点に据えようとするのが、これらの研究の共通点である。この志向性は、実感に即して「つながり」の現象を明らかにしようとする本書に通ずるものがある。

たとえば、長年、子ども―養育者の関係に焦点を当てて〝ひとがひとをわかるということ〟について独自の概念を生み出しながら論じてきた鯨岡は、何らかの水準で人が人を「分かる」ということが現実の対人関係を進行させていると述べ、その中で、一方の側の純粋な「解釈」や「推論」とは言い難い、「広義の情動」の伝播としての「分かる」という水準は確かに存在するとしている(44)。そしてその伝播のありようについて、〝時間を隔てて推論的に分かるという分かり方ではなく、「いま、ここ」においてという直接性の様相〟と、〝「私」の能動的な作用であるとはとても思えず、むしろ「あなた」の情動の動きがこちらに伝わってきた、それに「私」が捉えられた、それに「私」が浸されたというような受動的〟な様相とをその特徴に挙げている。[44]

より具体的には、鯨岡は〝成り込み〟[41]や〝情動の舌〟[45]のような概念を創出している。つまり、いつでも他者の気持ちが間主観的に「分かる」のではなく、その相手に気持ちを向けていることを前提条件とし、そうした〝「いつも、すでに」気持ちを向けているとき〟、〝情動の舌をそこに「伸ばす」という「成り込み」によって、〟ここにいながらそこを生きることができることを論じている。[44]

さらに鯨岡は、こうした直接性と受動性を伴う「分かる」が、決して他者の気持ちをコピーのようにそのまま「分かる」というようなタイトな理解を意味しないことに注意喚起をしている。「成り込み」や「情動の舌」といった概念は、むしろより広義の情動の共有、ないしは間身体的な他者との関係を捉えようとするものであり、その点において本書で明らかにしたい実感としての「つながり」についても一定の示唆を与えるものであると言える。

ただし、鯨岡の論じる他者関係の機微は、間主観性の概念を中心にして、主として二者の気持ちの向け合いの場面に焦点化されている。つまり、相手に気持ちを向ける向け方がかなり濃密な場合の「つながり」を問題にしている。一方、本書は、それぞれが自らしたいことをして自己を充実させるべく別個の活動をしているにもかかわらず生じてくるような「つながり」をより重視するものである。たとえば実父の闘病中に経験した「つながった」感覚は、狭い病室で共に過ごす中で四六時中互いに気持ちを向け合うことによってではなく、各々が自らのしたいことをする時間の中で徐々に形成されていったものであった。ここに焦点を当てようとする点が鯨岡の研究と異なる。

実践者の振る舞いに焦点を当てる研究

また、西村は現象学を〝見えない下敷きとして参照〟することによって、看護の現場の実践を明らかにしている[46]。看護場面における実践知は、〝いつもつねに働きだしている事柄〟であるがゆえに、それを主題化して捉え明確に説明することは難しいが、現象学の視点に立ったフィールドワークと記述によって、そこで生じていることにアプローチすることが可能となるという[46]。彼女のフィールドワークは、〝その場に住み込み、その場に馴染みつつ、その場で実践する人々の見方や振る舞い方を学んで身体化していくことを通して、その場で起こっていることが見えるようになってくることを記録するという重層的な調査という営み[46]〟である。

理解しようとする眼前の他者（看護実践者）に対するこうした態度が、自と分立した他を推論によっていかに理解するかという発想に立った従来の研究と異なるのは明白である。西村は、こうした看護の現場のフィールドワークを継続する中で、〝人間をそれぞれ単に個別主体的に動き感じていると捉えるのは間違いではないか〟と述べ、〝必ず同時に集団主体の一員として行動したり、感覚したりしている〟ことを見出している[47]。これは、看護の現場に限らず、他者と共に生きる私たちの日常にも言えることではないだろうか。人は他者と共にあるとき、そのかかわりの場そのもの（雰囲気や空気感等）に導かれるように行為している側面があり、他者や場から影響を受けずに存在することは難しい。だからこそ、私たちの間では、「空気を読む」などという表現が意味を為すのだろう。西村の着眼は、自他が分立する以前の身体的次元での「つながり」を問題にしていこうとする本書にとっても共有し得るものだと言える。

ただ、西村のアプローチは研究者が実践知を身体化することを通して実践者をいかに理解するか、という色合いが強く、研究者自身の身体の自由度がやや低い感がある。本来、一個の主体として自由に振る舞い得る研究者と実践者とのかかわり合いというよりは、第一に実践者の振る舞いに焦点が当てられ、研究者が実践者のあり方を言わば自らに映すことを通して、見えてくるものを探っている。一方、本書は、その場を生きる者として研究者も等しく自由に振る舞い、そのかかわり合いの中で形成される「つながり」を考えようとするものであり、その点においてやや西村とは問題にしようとする現象が異なっている。

意味に注目するナラティブアプローチ

ところで、臨床の現場では、こうした現象学的アプローチのみでなく、ナラティブアプローチの諸研究の中にも従来の自他分立の枠組みを超え出ようとするものがいくつかある。

森岡によると、科学的心理学に相対するブルーナーが主張した物語モードの心理学においては、〝行動の主体として生きる人は、他者との関係の中で、生の営みをどのように展開し、それを意味づけていくのだろうか〟という意味への志向性が中心概念とされている(48)。そこにおいては、体験の意味づけは、単純に個人に閉じたものではなく聞き手とのかかわりの中で重層的に成されるという考え方をする。他者の体験を客観的な事実として聴くという認識ではない。物語が紡ぎ出されるためには〝出来事を選び、筋立てて示す主体＝私〟が必要で、その「私」は、伝えたい相手に分かるように、〝相手との関係をはかりつつ、体験の出来事を選び、つなぎ、語る〟(48)。そこにおいて、聞き手と共有される意味が立ち上がり、臨床の場ではこの語る「私」を支えていくことが治療的に意味をもつと考える。また、ナラティブアプローチでは出来事の意味づけだけでなく、他者の行動の意味を捉えることに関しても、客観的立場に立った因果論的理解ではなく、〝その人のそばにいていっしょに動くという視点から行動をとらえ〟るという観点に立つ。(48) すなわち、他者の行動の意味を知るための視点として、〝必要なのは応答的関係であり〟、同じ場にいる自分と他者の〝位置をつねに交換できる可能性に開かれていること〟が重要とされる。(48) このような見方もまた、自他分立を前提とした従来の客観主義的心理学とは一線を画すものだと言えよう。

ただし、ナラティブアプローチでは、「意味」が問題となることから、どうしても語り手の物語を聞き手がいかに「分かる」かということが焦点となってくる。「意味」は、語り手と聞き手とのあいだで共同構築されるとしているものの、その「意味」の共有が両者のあいだにいかなる「つながり」の実感を生み出すかについて正面から議論しているわけではない。あるいは、その共同構築の過程において、語りが支えられていくその支えられ方がいかなるものであるかは曖昧である。一部の論者においては語る場における語られない次元、いわゆる身体交流の次元も想定はされているものの、その具体的様相は必ずしも定かではない。一方、本書はまさにその身体交流の様相を解き明かすことを目標にしているのであり、その点においてナラティブアプローチとは重点の置き所が違う。

身体的次元の交流と「つながり」

こうして見てくると、近年の質的研究における他者理解は、従来の心理学における自他分立の枠組みを超え出つつあるという意味で、より私たちの日常の他者関係のありように肉迫するものになってきたと言えるのではないだろうか。これらに共通するスタンスは、他者の内的なものを他者個人の中に閉じたものとして捉えない見方であり、これは私の問題にする「つながり」を解明するためにも不可欠なものである。

しかし、上において指摘したように、近年の質的研究においてもまだ一番中心的な問題が十分議論されていないように見える。すなわち、自己と他者双方が自らを充実させるべく行為を紡いでいる中で、いかにして「つながり」は生まれてくるのだろうか。本書は、特に身体的次元における交流に焦点を当てながら、その問題を明らかにしようとするものである。

第2章 人間を主体として捉える
――〈経験の主体としての身体〉への回帰

第1節 これまでの他者理解に関する議論の問題点

何かが他者と「一致」することに焦点づけられてきた従来の見方

前章で見てきたように、従来の心理学における共感や間主観性をめぐる議論は総じて、切り分けられた自他のあいだで、両者の中にあるものが一致するという事態に焦点づけられたものであったと言える。それを象徴的に表しているのは、共感にしても、間主観性にしても、程度の差はあれ、「マッチング」という言葉がその研究の中で用いられていることである。「マッチング」とは、他者の何かと自己の何かが一致するということである。

共感はその語義上、内的感情や意図の「マッチング」として語られてきたたし、古典派精神分析学を基盤とした一者心理学からの脱出として関係性に重点を置き、かかわる当事者の「主観的体験」に目を向けた間主観性理論も、結局のところ、「主観的準拠枠」や事物に対する個々人の知覚、行為、意図などの「マッチング」を目指すというような見方を引きずっていることは否めない。発達研究領域においても、間主観性理論家の一人であるメルツォフが〝知覚様式交叉的マッチング crossmodal matching〟という用語を用いて、知覚様式を超えた「一致」に重点を置いて乳児の他者の心の読み取りを論じている。また、乳児の「主観的体験」を探る中で独自の間主観性理論を唱えたスターンにしても、主観的体験共有のもっとも原初的なあり方である〝情動調律〟について、〝マッチする行動の局面を同定する必要がある〟として、〝強さ〟、〝タイミング〟、〝形〟というマッチング基準を挙げているのである。[1]

もちろん、フロイトの中立性と禁欲の姿勢を忠実に守るスタンスに対して、他者の内的世界への接近における共感の現象を重視し、関係性に目を向けたコフート以降の精神分析学や発達研究における間主観性理論への展開は、相互の関係性の中で創出されるコンテクストを重視するという点で、パラダイムの転換とも言える出来事として評価し得る。

しかし、この関係性の観点を導入してもなお、なかなか抜け出せないのが、他者と「何か」が一致（マッチング）すると考える枠組みである。この枠組みの中では、私の考えようとする「共にある」というあり方——「つながり」——を議論することは難しい。

なぜなら、「共にある」というあり方——「つながり」——とは、序章のエピソードで見た通り、他者の「何か」と自己の「何か」が一致するか否かという問題以前の現象だからである。それは、身体的な感覚の次元で、身に被るようにして生じてくる出来事である。私の問題にしたい「つながり」という概念の中核にはそうした受動性があるのである。

乗り越えられなかった「間」主観性の「間」の存在

では、なぜこれまでの心理学が、他者とのつながりにかかわる問題領域において、自己と他者の「何か」の一致、あるいは推論による他者理解という枠組みを抜け出せなかったのか。それはやはり、自己と他者を初めから切り分けてものを考えようとする見方を乗り越えられずにいたからだろう。それは、「間」主観性と言ったときの、その「間」が、どうしても乗り越えられないものとして残っていたと言っても良い。すなわち、自己の主観は自己の所有物として、他者の主観は他者の所有物として既定したところから議論を進めるのならば、必ずそこにはある種の「飛躍」をもってして埋めるしかない「間」が存在し続ける。

これは、スターンが行動の強さ、タイミング、形がマッチングするような相互行為を情動調律の場面として抽出しておきながら、その行動と乳児の主観的体験を〝推論による飛躍〟(1)によって埋めなければならないとしている点に象徴的である。彼の議論は、自己と他者のあいだにあった「間」を、行動と主観性のあいだの「間」に巧妙に移し替えたものにすぎず、そうした行動が現れる以前の自己と他者のつながりに注目したものでは決してない。このような観点に立ったままでは、〝推論による飛躍〟を経ない他者とのつながりのあり方、何かと何かのマッチングに回収されない二者関係を議論することはできないのではないか。

匿名的な次元における他者との通底

私が問題にしたい「つながり」とは、意識化される以前の身体で直接的かつ受動的に生じる他者とのその場の共有である。このとき、私たちは自己でもない他者でもない次元、言うなれば匿名的な「一つの身体」の次元を分有していると言え、ある意味では「間」は問題とならない。

この匿名的な次元における他者との通底の問題を論じたのは、人間的主体は第一義に世界に内属する身体的存在であるとしたメルロポンティであった。彼は、身体を人間存在の根本に据えることによって、それまでの古典心理学の独我論的他者認識論を覆すことに成功した。つまり、能動と受動の様相を同時に生きる身体の本質（身体における能動と受動の交叉）を人間存在の根本としたことで、身体的存在である人間と世界とを両義的なものとして捉える視点を創出したのである。彼は個人の主観的なものをその個人に閉じたものとせず、志向の糸が張り巡らされた自他の区別のない相互主観的世界が、前人称的世界としてまず動いていることを主張した。

彼の議論を踏まえれば、「共にある」というあり方――「つながり」――を考えて行く上で、これまでの〝推論による飛躍〟という枠組みを抜け出るヒントは、世界を感受する〝志向的な糸（志向性）〟を有する身体への着目にあると言えるだろう。第1章で振り返ってきたようなこれまでの心理学における関係性の捉え方は、この身体としての主体という次元を十分に含み込んでいなかった。つまり、人間がまず何よりも身体として生きているという観点、あるいは人間を意識の塊としてではない身体として捉えるという観点である。

第2節　〝志向的な糸〟を有する身体の次元へ

1　身体の次元が開く自他未分の前提世界

身体としての主体＝動的な生きた身体

では、人間を身体として捉えるというとき、それは何を意味するのだろうか。また、身体という次元を他者との関係の問題に取り込むと、自と他の「間」の問題はどう乗り越えられるのだろうか。身体として生きる人間をここでは、「身体としての主体」と呼ぶこととする。

まず、身体としての主体というとき、身体は、静的な客体物ではなく、周囲の世界からさまざまなものを感受し、同時に世界へかかわる志向性を有した、動的な生きた身体のことをいう。単に、主観的なものが詰まっている容器としての身体を意味するのではない。この生きた身体を主体とすると、他者という存在は、単に自分とは異なる主観性を抱えている存在としてではなく、自らの身体に有無を言わさず響いてくるような存在として立ち現れてくる。その他者とかかわることは、メルロポンティによれば、〝私は、自分がただ見ているにすぎないその行為を、いわば離れた所から生き、それを私の行為とし、それを自分で行い、また理解する[2]〟こととして説明される。

すなわち、メルロポンティは、自己と他者の「間」で為される他者とのかかわりについて、〝他人の志向が言わば私の身体を通して働き、また私の志向が他人の身体を通して活動するといった、「前交通」の状態[2]〟を前提とし、生きた身体を通して私たちは他者の行為を生き、理解すると捉えたわけである。たとえば、私たちの普段を振り返ってみても、悲しそうな他者を見て自らもいたたまれない思いになったり、自分の腹の虫の居所が悪いときには、一緒にいる他者もどことなくいらいらし始めるというような体験が思い浮かぶ。

自他未分化の前交通のかかわりの次元

では、こうした自他の区別のない次元における身体を通した直接体験的な把握の場合、従来「飛躍」

することでしか乗り越えられなかった「間」はどうなっているのだろうか。この場合、自他をそれぞれ確立した個として区別していた従来の枠組みと異なり、自他未分化という言葉が示す通り、自と他は重なり合っているものとして捉えられ、実際の他者関係を議論することを不可能にしてきたこれまでのような「間」は存在しない。つまり、自と他の主観性をそれぞれの所有物として区別して定めていた枠組みでは、他者の絶対的な他性は厳然として存在していたが、自他未分化の〝前交通〟のかかわりにおいては、自己と他者は重なり合うという見方がまず出発点となるのである。

また、こうした前提があることにより、他者との二者関係は、第1章で見てきたような解釈や推論によって対象を「分かる」ことには回収され得ない、より感覚的な領域における出来事としても問題にし得るようになる。これは、本書で問題となる「共にある」というあり方——「つながり」——を議論していくために、不可欠な前提であるといえる。これにより、より生身の人間の経験の位相に近い議論が可能になる。

しかし一方で、私たちは必ずしも常にこうした自他未分化な直接体験的な理解が可能となるわけではないこともまた現実である。メルロポンティ自身、幼児の共感は〝〈他人知覚〉よりはむしろ〈自分に対する無知〉にもとづいて〟いるのに対して、〝成人の共感の方は「他者」と「他者」との間に起こるものであって、自己と他人との相違が消滅することを前提にして成り立つようなものではない〟と述べている。(2)

つまり、メルロポンティの立論に従い、志向性を有する生きた身体を他者とのかかわりを考える上での根本に据えたことによって、推論による「飛躍」によらない他者とのつながりについて議論ができるような地平が開かれたと言えるが、その一方で、他者の厳然たる他性が現れたときの他者との「つながり」に関しては、まだ彼の理論においても十分に説明され尽くしていない感が残るのである。

2　行為の発動者としての主体

「つながり」は単なる「自他の重なり」ではない

ここまでの議論をふまえれば、本書で考えようとする、「分かる」というのとは別次元での「つながり」を捉えるために、自他の「重なり」という一側面のみに注目するのでは不十分だということである。つまり、意識の次元での何かと何かの一致を重視した従来の心理学研究に対して、単に身体の次元での一致を「つながり」として捉えようというのが本書の趣旨なのではない。

もちろん、他者と「共にある」という実感は、身体の志向性に触れるということが基盤となるので、身体の次元での「重なり」として「つながり」を捉えていく側面は重要である。しかし、その上で、絶対的に隔てられた個別の主体と主体の「間」でそれが生じているという側面をも取り扱っていくことが欠かせない。そのためには、どのような観点が必要となるのだろうか。本書では、この点に関して、「あいだ」という独自の概念で自他関係を論じた木村敏の論考を参考にしたい。あらかじめ述べておけば、序章で述べた小澤の〝生命の海〟のイメージ――〈私―世界―他者〉系のアクチュアルなイメージ――と、木村の理論は大きく重なり合うものである。

〝未来産出的〟な行為の発動者

まず木村は、人間存在を主体として見る。(3) もちろんここには、メルロポンティの依拠した「知覚する身体」、「志向する身体」という生きた身体を基盤とする見方も組み込まれており、心理学における間主観性の論者が人間存在を「主観的準拠枠」に還元して捉えた見方とは、この時点で一線を画す。ただし、メルロポンティが、人間存在を能動と受動の交叉する生きた身体と捉えることによって、推論による他者認識というそれまでの枠組みを乗り越えたのに対して、木村は、その身体の志向性によって世界を知覚しながら、運動していく主体の行為面に焦点を当て、より動的な関係のあり方に言及していると言える。

つまり、メルロポンティの問題にした身体の志向性が、知覚的側面に焦点づけられていたのに対して、木村にとっての主体の志向性は、単にそこに留まりながら他なるものを知覚するというだけに留まらない、〝未来産出的〟(3)なものとして特徴づけることができるだろう。端的に言えば、より明確に行為の発動者として主体を捉え、そうした主体どうしのかかわり合いに言及しているのである。

〝未来産出的〟な、行為の発動者としての主体とはいかなるものだろうか。これにアプローチする前に、木村の主体の捉え方を確認しておく必要があるだろう。彼は、主体を、〝有機体と環境とが絶えず出会っているその接触面で、この出会いの根拠として働く「原理」(3)〟として捉えている。確固とした主体が客体的な世界に出会うと捉えるのではなく、〝有機体が環境と出会っているかぎり、その出会いの中で主体が成立している(3)〟と考える。木村の言う主体とは、環境との一つひとつの出会いの中で立ち現われてくるものなのだ。これを、人間という有機体に引き付けて言えば、「私」という主体は、いくつかの要素の構成によって成り立つような、常に一定で不変な存在では決してないということになる。

逆に言えば、ある一つの環境との出会いにおいて現れた主体は、その出会いが途切れると、消滅することを意味する。しかし、〝有機体が生きている限り、主体が永続的に消滅することはありえない(3)〟わけで、次の新しい環境との出会いにおいてまた新たな主体が生まれることになる。

木村は、この主体のあり方を、西田幾太郎の言葉によって〝不連続の連続〟[3]と呼び、この〝不連続の連続〟を保証し、主体が主体として一つのまとまりをもつことを支えている原理を、知覚と運動の円環的な絡み合い――有機体の運動によって「知覚されるもの」が定まると同時に、その「知覚されるもの」に応じて次の運動が規定されていくという循環――であるとする。そして、この「知覚されるもの」をノエマ、運動的・行為的作用をノエシスと呼んで、主体の成り立ちについて論じている。

音楽の演奏／読書における〝未来産出的〟な主体のありよう

たとえば、音楽を演奏することを例に取れば、演奏するという行為的な側面がノエシスであり、そのとき音楽を奏でることによって聞こえてくる一つのまとまりとしての「知覚された音楽」がノエマである。このノエマ的側面とノエシス的側面は、それぞれ無関係に孤立したものとしてあるのではない。一つのまとまりとしての音楽というノエマ的側面は、演奏するというノエシス的側面がなければ生み出されないし、その都度その都度において演奏するというノエシス的な働きは、演奏されたノエマ的側面、つまり「(すでに) 演奏された一まとまり」なしには、展開されない。

その上で、こうした演奏の集まり、つまり多数での合奏が為される場面について、木村は、演奏が一つの音楽としてまとまるときには〝各演奏者間の「あいだ」には各自の内部での自己所属感が伴っている〟と述べる[3]。つまり、自分が演奏できるのは、自らの担当する楽器の旋律部分のみであるが、他の楽器を担当する演奏者が奏でる旋律も一緒になって自らの演奏として聞こえてくるというのである。

合奏の場における一主体に目を向けてみると、とても複雑なことが生じている。単純に自らの担当す

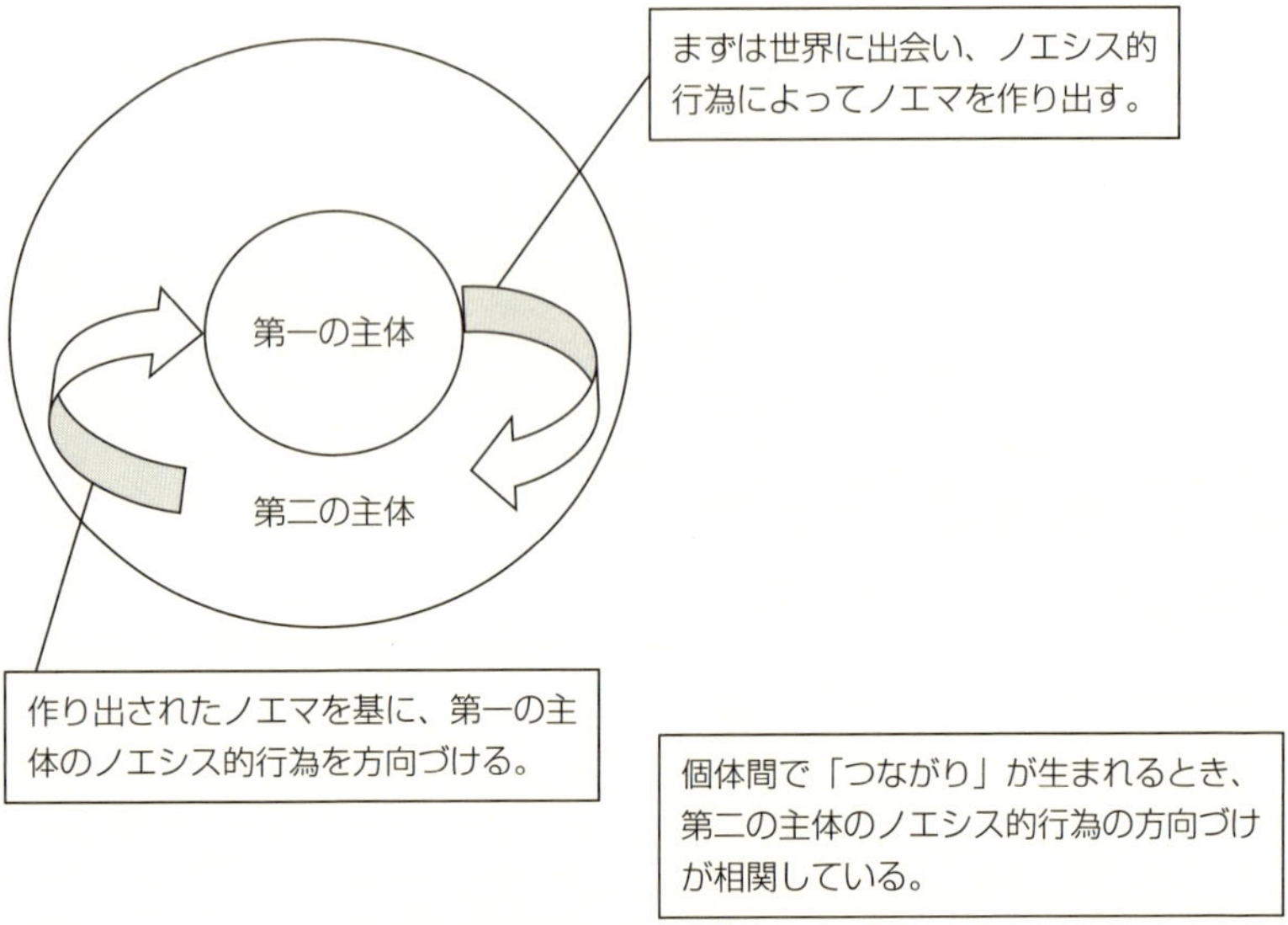
まずは世界に出会い、ノエシス的
行為によってノエマを作り出す。
第一の主体
第二の主体
作り出されたノエマを基に、第一の主
体のノエシス的行為を方向づける。
個体間で「つながり」が生まれるとき、
第二の主体のノエシス的行為の方向づけ
が相関している。

図1　木村敏の「主体の二重性」

（出所）　木村（3）をもとに筆者作成

る楽器の演奏をするのみでなく、他の楽器も合わさって合奏全体として聞こえてくる、そうした中で演奏をしていることになる。ただし、合奏さえすればいつでも一つの音楽が出来上がるわけではなく、それが観客も巻き込んだ一つの芸術としての音楽となるためには、主体のノエシス的行為がどのようなものであるかが重要になる。

　これについて木村は、主体の二重性という見方を用いて論じている。ここで二重の主体と呼ばれているものは、図1のように、直接世界と出会い、意識の中へノエマ的表象（ここでは演奏された一まとまり）を送り込む第一の主体と、第一の主体に「作られた」ものに基づいて第一の主体のノエシス的行為を方向づける第二の主体である。たとえば、木村は演奏の他にも読書を例に挙げ、活字を目で追っている「私」と文章の意味を取り込んでいる「私」とは、明らかに別個のノエシス的主体であり、あまり気の乗らない読書は、内容が頭に入ってこずに活字を追うだけになってしまうと指摘する。[3] 活字を目で追っている「私」（第一の主体）と文章の意味を取り込んでいる「私」（第二の主体）の働きがうまく噛み合わないと読書は円滑にできなくなる。円滑な読書のためには、文章の意味を取り込むという働き（第二の主体の働き）に応じて、次に注意すべき文字なり文章なりを重点的に拾い集めるように目を動かす（第一の主体の働き）といったことが必要である。

つまり、木村の見方に立てば、主体とは単純に表象化して捉えられ得るものではなく、第一の主体が刻々にノエマ的表象を作り出していく、そのノエシス的作用の方向を第二の主体がさらにノエシス的に限定していくという円環構造（ノエマ―ノエシス円環構造）によって成り立っているということである。

〝未来産出的〟な行為の発動者どうしの自他が噛み合うとき

それでは合奏の場において、こうした二重性をもつ主体が集まり、まとまりのある一つの演奏を創り出すとき、何が生じているのだろうか。木村はこれについて、〝全体的意識と個別的意識の同時成立[3]〟という表現を用いつつ、まとまりのある一つの音楽ができあがるときには、各主体において第二の主体が第一の主体のノエシス的行為を方向づけるその方向性が、合奏全体のノエシス的行為と相関していると説明している。この場合、ある個人の第二の主体は、その個人の第一の主体が作り出したノエマ的表象と、周りの合奏者の第一の主体が作り出したノエマ的表象とを合わせた全体を踏まえつつ、その個人の第一の主体を方向づけていくことになる。見方を換えれば、〝主体と主体の間主体的な「あいだ」が、個別的な主体の内部の「あいだ」を一つに統合する[3]〟ということである。そして、こうしたときに、主体は個として自らの演奏を生み出しながらも、全体の演奏の中へも自己帰属感を伴って存在できるという。

このように、主体が自己帰属感を伴ってその場にあるときには、そこで為すノエシス的行為が、周囲で展開する世界の歯車とよく噛み合っているということができるだろう。主体は、世界という箱の中で単に存在しているのではなく、常に変化しながら展開する動的な周囲の世界のあり方と関連し合いながら存在しているのである。主体は、〝未来産出的〟な行為の発動者であり、周囲の他者や世界との関係がどのように動いていくのかに応じて、その都度ノエシス的行為を紡いでいく。その行為がたとえ直接的に（何かと何かのマッチングを目指して）他者に向かったものでなかったとしても、周囲の他者や世界のノエシス的作用と主体のノエシス的作用が噛みあっていれば、そこには周囲の他者や世界と「共にある」という実感が生じるのである。こうした木村の議論は、実感としての「つながり」がいかに成立するのかという本書の問題意識にとって、非常に大きな道標となるものだと言える。

ちなみに、以上のようなノエマ—ノエシス相関の捉え方は、木村が注意を促している通り、ノエシスとノエマを意識の志向作用と志向対象と見て、前者が後者を構成すると考えるフッサール現象学の見方と同じものではない。フッサール以来の伝統的な語用法によれば、ノエマやノエシスというのはあくまで意識の二側面であり、「知覚されるもの」としてのノエマを生み出す運動全般あるいは身体的行為をノエシスとするような用い方は正しいとは言えない。この点で、木村のノエマ—ノエシスの捉え方は非常に特殊である。

しかし、本書は自然科学と同様に人間存在を客体化し、人間関係をそうした客体物同士の相互作用関係として考察する従来の心理学のあり方に対して異を唱え、動的な人間の生のありように迫ろうとするものである。そのため、〝未来産出的〟である主体の「産出する働き」とそれによって「産出されたもの」を措定する必要がある。主体をこのように捉え得るための適当な用語は他になく、本書では、木村に準拠した意味でノエマ―ノエシスという用語を用いたい。これにより、行為の発動者として主体あるいは人間存在を捉えることができ、「共にある」というあり方――「つながり」――に実際的にアプローチすることが可能となると思われる。

3　主体の体験世界へ

主体の行為的側面であるノエシスの位相

他者と「共にある」というあり方――「つながり」――について考えようとする本書においては、世界を感受する「身体としての主体」という次元を導入することに加えて、木村の言及している主体のノエシス的働きに注目する。そもそも、心理学という学問においては、人間の心も自然科学の枠組みに従って客体化され、〈刺激―反応〉の装置や主観的準拠枠などとして取り扱われることが主であったため、人間を「主体」として捉える、という方法的態度自体取られてこなかったのが現実ではないだろうか。そのため、私たち人間は本来、ノエシスの位相で世界や他者に出会っているにもかかわらず、学問の俎上では、主体の行為的側面であるノエシスの位相は取り上げられることなく、意識面に現れるノエマ的表象のみが心的事象の反映として問題にされてきたと言っても良いだろう。

見方を変えれば、ノエシス的行為が常に現在進行形で働いていることによって生み出される、主体の「体験」というものに、従来の心理学はあまりにも目を向けてこなさすぎた、と言うこともできるだろう。他者とのつながりを論じる際にもそれは言え、前節で見てきた通り、他者とのノエマ的な「何か」

（感情なり表象なり）の一致によって他者を「分かる」ことばかりが議論され、必ずしも生身の人間の他者とのかかわりに即した議論が行われてきたわけではなかった。

たとえば、先の読書行為の例で言えば、その本の内容を意識面にノエマ的に取り込んでそれらを正確に理解することが私たちにとっての読書なのではなく、本を読むという文章に目を走らせる行為のさなかで、「私」という主体に喚起され生じてくる、予想もしていなかったさまざまな蠢き――世界との新たな出会いとも言えるようなもの――の体験こそ、その本との深いつながりが築かれる読書体験となる。さらに言えば、私たちにとって心に残る本というのは、そこに書かれていた内容と自分の意識内容とがいかにノエマ的に一致するかということではなく、世界との新たな出会いとなるような読書体験がいかに有機的に「私」とその本のあいだに立ち現れてきたか、ということに依っているのではないだろうか。

主体の体験の中でこそ現れる実感

生身の他者とのかかわりにもこれと同様のことが生じていると言え、かかわっている現在進行形の「体験」のさなかにこそ、他者という存在に触れているという実感があるはずである。しかし、今述べたような意味での主体の「体験」は、これまで心理学という学問において十分に取り上げられてきたとは言えない。生身の人間の「体験」の次元が抜け落ちた観念的な知には、実感というものが根ざす場所がないままではないだろうか。

実際、私たちの現実の他者関係を振り返れば、他者の意図や感情といったノエマ的な「何か」を把握し、自らのそれと一致させることのみによって、他者という存在を理解し関係を形成していっているのではないのは明らかである。生身の主体は、事後的に意識面に現れてくるノエマ的表象をやりとりすることによって他なる主体とかかわっているのではなく、行為の発動者としてのノエシスの位相においてかかわっているのである。

デイヴィッドは、人間の心的状態について、〝現象的側面〟と〝心理学的側面〟という二種類のありようがあることを指摘し、それぞれを〝現象的意識〟と〝心理学的意識〟として区別して呼んでいる。(4)「心理学的意識」とは、私たちの行動を起こすにあたって心がどんな役割を果たしているのか、ということについての因果論的な説明がつくものであり、これまでの多くの心理学研究が焦点を当ててきた側面である。一方で、「現象的意識」は、そうした説明から漏れる部分、彼の言葉を借りれば、〝〈意識〉について何かおよそ満ち足りない説明〟の部分であり、〝現象的状態は心理学的状態と違って、それが演じる因果的役割によって定義されない〟という。(4)

この「現象的意識」と指摘されている側面は、主体の体験と言っても良いだろう。たとえば、痛みについて、その痛みの生じたプロセスをいくら因果論的に正しく説明したとしても、痛みをまさに感じている当の本人のその痛みの現象の質は、説明しきれない。デイヴィッドも指摘しているように、これまでの心理学においては、この二つの意識の側面がきちんと区別されることもなかったし、ほとんどの研究が「心理学的意識」の側面に焦点を当ててきたと言える。

「心理学的意識」と「現象的意識」

しかし、現実の生活世界において痛みを抱えている人に寄り添おうとするときには、「心理学的意識」としての痛みの説明のみでなく、その当人の体験としての痛みにいかに心を寄せることができるかということが問題となる。これは、「共にある」というあり方――「つながり」――の次元に開かれるためにも重要である。

序章では実父の闘病生活を共にした経験に触れたが、この経験においても、酷い疼痛を抱える父に寄り添おうとすることは、その痛みを因果論的に、数値的に理解することとは別次元のことであった。父の痛みは、父の心の現象的側面に寄り添おうとすることなしには近づけないものとしてあった。看護師が「一〇段階のうちどれくらい」と痛みの数値を尋ねたが、そうして得られる数値は父が今生きている痛みの影のようなものにすぎない。父を支える私たち家族は、そのような痛みの把握の仕方に対して「そうではないだろう」という思いを禁じ得なかった。父自身にしてみれば、まったく痛みに寄り添ってもらえている感覚はなかっただろうし、そういう形でしか自らの痛みを理解してもらえない父の痛みをもまた、私たちは感じたのだった。心理学は、「心理学的意識」のみならず、「現象的意識」の側面としての体験世界をも主題化していく必要があると言えるのではないだろうか。

父の闘病時、私たち家族側にまったく逆の印象を抱かせる二人の医師がいた。一人は、内科の医師で、とにかくさまざまな検査結果などの数値をもとに父を診る人である。一方、もう一人の整形外科の医師M先生は、これまで生きてきた人生がありながらも現在進行形で病気と向き合い闘おうとしている一人の生身の人間として、父を診てくれているという実感を抱かせてくれる人であった。この二人の、私たち家族に向かい合う態度は歴然と異なるものとして感じられ、父本人をはじめ、家族は、日々、整形外科のM先生へ深い信頼感をもつようになっていった。

私たち家族は、通常の医学ではすでに根治がなかなか難しい父の病気を少しでも良い方向へ向かわせたく、病室でいくつかの民間療法をしていた。ある日、その一つである、疼痛を緩和させるという里芋シップ（里芋粉を練って患部に貼る）を行っていたのだが、そこへM先生がやってきた。西洋医学に基づいた医療を行う大学病院の医師から見たら、病室で里芋シップをして包帯で巻いているその状況は、医学的に何の根拠もないおかしな行為にしか見えなかっただろう。しかし、このM先生は、丁寧に包帯を巻くのを手伝ってくれたのである。父も私もこのときどれだけ心強く思ったことか。これは闘病生活の中で忘れがたい経験であった。M先生のこの行為は、突然病によって人生のゆくてを阻まれた人間としての父に寄り添うものであった。父と私たち家族の何としても治したいという志向性を断ち切ることをせず、きちんとその志向性を絡めとり、応えてくれた。M先生のその行為は、M先生の一人の主体としての志向性を示すものであり、私たち家族は自らと同じ方向を向こうとしてくれるその志向性に触れることができた。このかかわりによって、ずっと掬い上げられずどうすることもできずに抱えていた家族の痛みがようやく少し癒された気がしたのである。

ノエマ―ノエシス的円環運動が複雑に織りなされる「あいだ」

人との深い「つながり」というのは、このように、相手の体験世界を感じ取り、そこに自らが何らかの行為によってかかわっていくことを通じて形成されるものではないだろうか。しかし、これまでの心理学研究はもとより、日常世界の私たちのものの見方も、本来動的な有機体であるはずの人間をノエマ的対象に還元してしまう方向へと傾きがちである。生身の身体を携えているのにもかかわらず、ともすれば、「感じ取る」ことを置き去りにして、ノエマ的対象としての理解や解釈に走ってしまう。私たち家族が、整形外科のM先生に心を寄せるようになったことを思うと、他者とつながろうとする際には、「心理学的意識」ではなく、「現象的意識」としてのその者の体験世界にこそ触れなければならないと考える。

以上の考察は、人間をノエマ－ノエシス円環を成す主体として捉える木村の観点と一致する。ノエマ的なもののみならず、「ノエシス的行為の主体」を重視し、その者の体験世界の次元にアプローチする必要性がある。これによって、これまで他者関係の問題に必ず立ちはだかった他者との「間」の問題について、別の見方が可能になるだろう。すなわち、「心理学的意識」の側面にばかり焦点化していたときには、自他を隔てるもの、「飛躍」によって飛び越えるしかないものとしてあった「間」は、今やそこにおいてノエマ－ノエシス的円環運動が複雑に織りなされる「あいだ」として捉え直されることになる。こうした見方に立ってこそ初めて、より生活世界に馴染んだ他者との「つながり」のあり方を議論する地平が開かれるのではないだろうか。

第3節　〝有機的生命〟をもつ体験世界へ

ここまで、従来の心理学研究の問題点を挙げ、本書が問題とする他者と「共にある」というあり方――「つながり」――は、他者の内部にあるノエマ的な「何か」を「分かる」ことではないということを明らかにしてきた。そして、本来そのノエマ面を生み出しているのはノエマ－ノエシスを円環的に生きる動的な主体であるという見方に回帰し、そうした「ノエシス的行為の主体」が生きている体験世界にこそアプローチする必要性があることも指摘した。

それはこれまで自他を隔てる空白地帯としてしか考えられてこなかった「間」を、より動的な運動が繰り広げられる場、ないしは運動そのものとして主題化することである。ただ、そうは言うものの、それが具体的にどのようなことなのかはもう少し詳細に確認しておかないといけないだろう。

自他それぞれが息づくありかとしての「あいだ」

というのも、先に見たように、通常私たちは物事をノエマ的対象として捉えることに慣れ親しんでいるがゆえに、「間」を「間」として捉えるというとき、その「間」さえもどうしてもノエマ的に捉えてしまいがちだからである。つい主体と主体の「間」を「間」として切り取って、その「間」を生じさせる当の二つの主体を前提的なものとして固定してしまいそうになるのだが、これは何についても対象化して捉える自然科学に近いものの見方である。ノエマ－ノエシス的円環運動を行っている主体どうしのあいだに生じる「間」は、運動する主体と共役的な関係にあるため、事前にノエマ的に切り取れるものではない。

このことについて、木村が具体的に言及している。ある主体と別の主体の関係が生きたものとして息づく「ありか」を「あいだ」という概念を用いて論じた彼は、「おのずから」と「みずから」という二つの意味をもつ「自」に関する論考の中で、〝ある自己発生的な事態が生じている場合に、その動きをより客体側へ押しやって眺めると「おのずから」と言われ、より主体側へ引き寄せて感じると「みずから」と言われる〟と指摘し、〝経験するという行為があって、そこではじめて「自」が「客体」の側と「主体」の側とに分離し、そこではじめて、この「自」がもともと「主体」と「客体」との「あいだ」にあったものなのだということに気づかれる、という仕組みになっている〟と述べている。[5]

たとえば、西洋語の「自然」（ネイチュア）がどこまでも客体的・対象的である一方で、日本の「自然」は、主体との関係において成立することを木村は例として挙げる。[5] 自然の風景そのままを再現しようとするイギリス式庭園は、〝写実的〟であり、誰にとっても一様に本来の自然の代替物として提供されるが、〝象徴的に天地山水を配する技法〟を重んじ、〝自然の真意をそのままに表した〟日本の庭園は、〝表意的〟であり、〝そこに表意されている自然の真意を鋭敏に感じ取る主体の側の感受性を期待して作られるもの〟であるという。(5) 日本の自然は外在的に存在するのではなく、それを自然として感じる主体との「あいだ」が開かれて初めて自然として成立するということである。

これは、二者の間に前提的にノエマ的な「間」を措定するこれまでの見方とは決定的に異なる見方である。日本の庭園の例で見たように、「あいだ」がみずから／おのずから立ち上がってくる際に、そこに周囲の世界を「いつも、すでに」ある仕方で志向している主体が関与している。その一方で、そのようにして「あいだ」が成立してくることによって、自然を独特の仕方で表現する日本庭園と、それを鋭敏に感じ取る日本的主体とが明確化する。このように「あいだ」と主体とは、ある方向性をもった自律的運動の中で同時に生じてくるものであり、最初からノエマ的な「間」や「主体」があるわけではない。

理想的な合奏に見る「メタノエシス的原理」

この点に関しては、木村が描き出す合奏の成立する場面について次のような説明を行っているのがより示唆的である。(3) 理想的な合奏において演奏者がその音楽の「ありか」をどこに感じ取っているかということについて、彼は、〝それぞれの演奏者が、すべて各自のパートを独自に演奏しているという確実な意識をもっているだけではなく、他の演奏者すべての演奏をまとめた合奏音楽全体すら、まるでそれが自分自身のノエシス的自発性によって生み出された音楽であるかのように、一種の自己帰属感をもって体験している〟と述べる。(3) つまり、オーケストラを為すさまざまな楽器に各々の旋律があり、自らはその担当の楽器の旋律を演奏するわけであるが、理想的な演奏では、その際に自らの単一の旋律のみを演奏している感覚ではなく、まるですべての楽器を自らが奏でてオーケストラ全体の音楽を動かしているように感じられるのである。

この理想的な合奏の「ありか」は、それが合奏である以上、もちろん個々の主体の内部のみに回収されるものではないだろう。しかし、それが一種の自己帰属感を伴っているという点においては、各演奏者間を隔てているノエマ的な外部に定位されるものでもない。すなわち、こうした音楽が成立している場所は、〝だれのもとでもない、一種の「虚の空間」〟である(3)。

また、このような、内部でもありながら外部でもあるような〝虚の空間〟で鳴っている音楽は、誰かが意志的、主体的に生成するノエマ的なものではない。むしろ音楽それ自身が、いわば個々の主体の意思を超えて、自律的、未来産出的な志向性を有する〝有機的生命〟をもっている(3)。理想的な音楽とは、〝現在鳴っている音楽の全体が次に来るべき音を自己生産的に、それ自体の生命活動から生み出す〟というありようをしている(3)。そして、音楽それ自身が、演奏家の次なる演奏を導くという意味で、動的な主体を生み出しもするのである。

しかし、これはあくまで理想的な合奏の場合である。演奏者にとっても聴衆にとってもこのような芸術的感動を伴う理想的な合奏は容易ではなく、技術的に上手な人に引っ張られるように演奏するような場合は、自らの自由なノエシス的演奏は後回しになるだろうし、メトロノームなどの外部的なテンポに縛られて演奏する場合も、音楽を奏でるというよりは他律的に音を鳴らすという行為に陥るだろう。このようなときには、理想的な合奏の際とは異なり、音楽はそれ自身として自律的、未来産出的な志向性を有する「有機的生命」をもつものとはならない。演奏者にとって、音楽は自分の外部あるいは内部のどちらかで鳴るものであり、自己帰属感を有した〝虚の空間〟としての「あいだ」に鳴るものとしては感じられないであろう。

このような〝虚の空間〟が成立するのは、各主体のノエシス的行為が、主体間の「あいだ」で生み出されるノエシス的運動としても働きだすとき、同時にそのノエシス的運動が各主体のノエシス的行為を導くときである。

木村は、こうした「あいだ」で生まれるノエシス的運動を〝個別的なノエシス面を統合する高次のノエシス面〟として、〝メタノエシス的原理〟と呼んでいる。(3)この原理に沿って動き、生み出されていく「あいだ」が、最初から区分けされた自他の中間地帯として位置づけられる「間」と同質のものではないことは明らかだろう。

主体にとって他者と「共にある」というあり方――「つながり」――が実感されるのは、このような理想的な合奏の状態にも似て、自と他の「あいだ」にメタノエシス的原理が働き、それによって次の行為が自然に紡ぎ出される状態にあるときだと言えるだろう。前節において、主体の体験世界に着目する必要性を論じたが、木村のメタノエシス的原理に鑑みると、体験世界と一言に言っても、それは決してノエマ的に表されるものではなく、その場を生きる者たちが「身体で感じる」ものだと言わねばならない。

「あいだ」が生じるとき、私たちは何をし、何を感じるのか

本書が問題にする体験世界とは――これは方法論とも密接にかかわってくるが――、分立した自と他が各々で所有するものではなく、主体どうしが身体の志向性を媒介にしてかかわり合うありようそのも

のである。「有機的生命」をもって蠢き始める「あいだ」が生じるとき、「身体としての主体」としての私たちが何をし、何を感じるのか、それを明らかにすることによって、「他者理解＝分かる」こととは異なる他者との「つながり」のありようを提示し得るだろう。

従来の心理学には、ノエマ的な「何か」の一致を他者理解と捉える枠組みがあったゆえに、他者とかかわっている場が紛れもなく纏っているはずの「気配」や「予感」などのような目には見えない皮膚感覚次元の場性は、そこから零れ落ちてしまっていた。しかし、木村の言う「あいだ」に着目することによって、そうした場性も含み込んだ「つながり」のありようを議論することができると思われる。

本章の冒頭で、他者を理解しようとすればするほど、他者が内的に有するものを自らも共有しようとする姿勢が強まり、「分かる―分からない」といった緊迫した関係性を作り出すことにつながるのではないか、と問いかけた。従来の心理学に欠如していたノエシス的行為者として交流する身体（主体）に着目し、他者と「共にある」というあり方――「つながり」――を明らかにすることは、「つながり」や「絆」といった言葉が自明のものとして用いられる現代的風潮に対して、新たな息吹を吹き込むことになるのではないだろうか。

第Ⅱ部　「実感」の次元における知を求めて

「たとえば心理学は、少なくとも時には――動物心理学と人間の心理学とを区別するだけのためだとしても――〈人間〉という概念を使います。が、この〈人間〉という概念は正確にはいったい何を意味するのでしょうか。…（中略）…われわれが使う〈人間〉という概念は何ら学問的なものではなく、漠然としてもいるし、混乱してもいるわけです。それを明確にすることは、心理学にとっても必要なことでしょう。が、現象学的分析が本領とするのは、ほかならぬこの種の解明の努力なのです。現象学的分析は「人間的」と呼ばれるさまざまな態度や特徴を厳密に確定し、それらを了解可能なふうに結び合せることでしょう。[1]」（メルロポンティ）

第Ⅰ部では、私が生活世界で気づかされた他者と「共にある」というあり方――「つながり」――がいかなることなのかについて考えようとする本書の問題意識に対して、このことに関連すると思われる問題が従来の心理学においてはどのように論じられてきたのか、共感から間主観性へという全体的動向を踏まえて見てきた。

そこからは、これまでの心理学では、「つながり」は「分かる」ことと区別されて特別に議論されてきたことはなく、「分かる＝他者理解」の問題群の中に紛れてしまっていること、そしてそこには、自他の分立を議論の前提とする越えられない壁があったことが明らかとなった。自他の分立の前提があることによって、他者と通底する経験はノエマ的な「何か」の一致という状態のみに回収されてしまい、私たちが日常身を持って感じることのできる他者との「つながり」は議論されえなかったのである。

この問題に対し、本書ではすべてをノエマ的に表象化して捉える心理学のこれまでのものの見方を覆す木村敏の理論を重視することを述べた。行為の発動者として主体あるいは人間存在を見て、その主体のノエシス的行為がいかに他者そして世界と絡み合うのかということに着目する視点である。すなわち、他者と「共にある」というあり方――「つながり」――にアプローチするためには、生身の人間を能力や主観といった要素に置き換えることなく、主体をそれぞれ固有の「ノエシス的行為者としての身体」を有した存在として捉え、周囲の他者や世界との関係に応じていかにノエシス的行為を紡いでいるのかという、主体の体験世界に迫らねばならない。

この第Ⅱ部では、こうした議論を踏まえ、私の問題意識を明らかにしていくための方法論について議論していく。まず、第3章では、本書の基本的な方法論的態度となる、現象学的態度について言及する。第4章では、これを踏まえ、具体的な研究の基盤となる、人が人を観るということに関する問題を取り上げ、続く第5章では、「観た」ことをいかに研究として表していくのか、記述に関わる問題を議論していくこととする。

第3章　現象学的態度
——自明性を問い直す志向性

第1節　「実感」に迫る方法論的態度

概念としてではなく身を以て了解すること

第2章において、身体という領域に踏み入ることによって、自他未分の世界を取り上げ、他我認識の壁を乗り越えたメルロポンティの論考を引いたが、身体という存在を議論の中心に据えた彼は、〝科学的知識が［具体的］経験にとってかわって〟しまっており、〝われわれが見ること、聞くこと、一般に、感覚することをきれいにわすれてしまって、われわれの身体組織や物理学者が考えるような世界からわれわれの見たり聞いたり感覚しなければならないものを演繹している〟と述べている。(1)これは、私たちは、実際にはさまざまなことを感受している身体によって世界を生きているにもかかわらず、表象化されたものに囚われるあまり、その「感じる」次元、いわば前言語的な世界に疎くなってしまっていることへの警告であり、序章で挙げた小澤の〝生命の海〟のイメージが示すような、世界や他者との実感としての「つながり」に迫ろうとする本書にとって重要な示唆を与えるものである。

第Ⅱ部の冒頭で引いたメルロポンティの現象学的分析とは、私たちがこうして、いったん概念によって表象化された世界を手に入れると、その現象を「分かったつもり」になってしまいがちであることに目を開かせるものであり、その概念に回収されている現象が実際にはどのような特徴や性質をもつものかについて、概念としてではなく身を以て了解することを価値づける方法論的態度だと言える。すなわち、本書で言えば、人々に漠然と了解されているように見えてはいるが実はその内実は未だ明確ではない「つながり」という現象を、私たち自身があらためて身を以て了解できるように、その意味や特徴を詳らかにしようということである。

知の発見と知の深化

野家は、探究という営みに関して、科学と哲学という二種類の知のあり方があるとし、〝科学が新たな「発見」を目指す未知の探求であり、水平方向に知を拡張する活動であるのに対し、哲学は自明性の「再発見」を目指す既知の探求であり、垂直方向に知を深化させる活動である〟と述べている(2)。哲学の知とは、未知の事柄について実証的な研究を積み上げ、新しい知を広げていくというあり方ではなく、明確に概念化されていないながらも私たちの日常に漠然と浸透している現象について、あらためて知を深めていく探求のあり方である。

心理学は、その科学化を目指したヴント以来、実証主義の下で〝新たな「発見」を目指す未知の探求(2)〟を第一の目的としてきた。これが目的であったため、必然的に研究者は、物事を客観的に見る自然科学的な態度を取り、主客分離のスタンスで研究が進められてきた(3)。だから、第1章で見てきたように他者関係の問題が扱われる際も、自他の分立を前提とした、客観主義的な次元での議論に留まってきたのである。しかし、本書は実感という次元での知を目指し、漠然としているにもかかわらず分かったつもりになっている「つながり」についてあらためてその意味を探求しようとするものである。したがって、本書の方法論的態度は、野家の言う哲学の知の探求のあり方と重なり合う。

現象学的還元

「分かったつもり」で目の前を流れていた事柄に着目し、その意味を問い直そうとするこの方法論的態度は、フッサールの現象学的還元が根幹になっている。〝現象学的還元とは、私がそのなかで生きている一切の自然的断定を、除去するのではなく、停止状態におき、言わばに作動せしめない、しかもそれらを否定し去るためではなく、それらを理解し顕在化するためにそうすること〟である。(4)

このことは、第Ⅱ部の冒頭のメルロポンティの言及を例にとれば、「人間」という概念の自明性をいったん括弧に入れ置き、その自明性を問い直していくことを通じて「人間的」と呼ばれるものの内実をあらためて明らかにしていくことである。そこでは、「何か」として概念化される以前の現象そのものに目を向けることが必要となる。すでに浸透している何かの言葉でもって、目の前の現実を説明し、「分かったつもり」になるのではなく、生じている現象そのものをそのままに受け止めつつ、自分なりの理解を結果的に得ていくというあり方とも言えるだろう。本書において「実感」としての「つながり」というものに迫る上で、これは必要な方法論的態度だと言える。

この、現象そのものをそのままに受け止めつつ了解していくというあり方は、これまでの自然科学に基づく心理学にはなかった方法論的態度で研究を進めることを意味している。この方法論的態度は、研究者があたかも透明の存在、純粋な目であるかのごとき前提に立って議論を組み立ててきたこれまでの自然科学的な心理学とは異なり、研究者自身も一人の生きつつある者としてさまざまなことを感受していることをむしろ重視する。本来研究者であっても、自らの身体を携えているのであるから、その身体でもってさまざまなことを感受しているはずである。これまで、科学としての心理学を目指すときにバイアスとして排除されてきたこの次元にこそ目を向け、研究者が当の事象をどのように感じつつ生きていたのかということを明らかにすることによって、「実感」に根差した知を目指すことが可能であると考える。

第2節 「生きられる」次元で得られる知とは

研究者自身の「感じる」領域

このような方法論的態度においては、しばしば「生きられる」という表現が使われる。この「生きられる」という語は、昨今の質的研究への注目と並行して、人が生きる実際の現場から理論を立ち上げようと試みる論文に散見されるようになってきている。この言葉が表そうとするところは、研究者が研究対象の外側から「推論による飛躍」によって意味づけを行うようなものの見方を捨て、さまざまなことを感受する研究者自身の身体――受動の相をも含み込んだ主体のあり方――によって「生きられている」事象を問題にしようという志向性であると言える。

これまでの自然科学的な方法に準拠する心理学では、研究者自身が「感じる」という領域はなかったこととして切り捨てられ、研究者はもっぱら、意識の塊として意味づけを付与する存在とされてきた。

換言すれば、研究者が常に能動の側のみに位置づけられ、いわば世界や他者から起こされる波に自ずと影響を受けるような、ものごとを感受する受動の側としても生きている事実は省みられてこなかった。

しかし、第2章でも木村の[5]、主体―客体というあり方は、それに先立つかかわりがあって初めて生まれるという重要な示唆を引いた通り、研究者とて、生身の人間である限り、いつ何時も能動の側の主体としてのみ存在することなどできないのは明白である。生身の人間としての研究者は、その場にいる限り、自らの意識や予見を超えた次元で必ず何らかのことを受動の相で感受している。既成の意味を担った概念に基づいて、意識の塊となって現象を捉えるのではなく、現象そのものを受け止め、そこからその意味を了解していくためには、研究者自身が感受したことを丁寧に掬い上げていくことこそまず重要である。これが、すなわち、研究者に「生きられる」と表現される領域である。

「ものの見方」の更新を迫られる生身の人間の生

それでは、こうした研究者に「生きられる」次元も含み込んだ学知には、どのような意義があるのだろうか。中村は、近代科学は〝十七世紀の〈科学革命〉以後、〈普遍性〉と〈論理性〉と〈客観性〉という、自分の説を論証して他人を説得するのにきわめて好都合な性質をあわせて手に入れ、保持してきた〟と述べている[6]。この「近代科学」によって人々の日々の生活や人類の発展に貢献し得る新しい知が生み出されてきたことは否定しがたい事実であろう。

しかし、そうした上向きなベクトルをもった知の発展を目指す世界がある一方で、日々生身の人間として生きている私たちの具体的な世界に目を落とすと、これまでの価値観や世界観では容易には乗り越えられず、立ちすくんでしまわざるを得ない出来事に遭遇することがある。そうしたとき、果たして上述の三つの原則を備えた「近代科学」の知は、どれほど有用であろうか。私たちは生きている限り、そうした出来事に遭遇するたびに、そこに何とか自分なりの意味や価値を見出すことによって前進していかざるを得ない。生身の人間のこのような生のあり方を思えば、「近代科学」のように上空から俯瞰するような性質の理論とは別の、より現実の生活世界や実感に即した知を追究していく必要が人間科学にはあるのではないかと思うのである。

このことに関連して、第1節で紹介した野家はその論考の中で、〝フィジックス（物理学）の対象が〈事実〉であるのに対して、メタ・フィジックス（哲学）の対象は〈価値〉を含むこと〟であるという哲学者、中村雄二郎の言葉を挙げている。(2)「価値」というのは、当人の欲求や関心によって相対的に変わる性質のものであり、人それぞれが固有に持っているものである。これまでの学問は、このような「価値」という個別の評価が関連してくる領域には触れずにきたと言えるだろう。

しかし、先述のように、生身の人間がその生においてしばしば価値観の転換を迫られる出来事に遭遇することを思うと、人間の生を対象とする学問においては、「普遍性」、「論理性」、「客観性」を優先した事実ではなく、事象の質や意味といった「価値」と切り離せない側面にもアプローチしていくことが求められるのではないだろうか。

「近代科学」が志向してきた「普遍性」、「論理性」、「客観性」といった原則によって捉えられた現実とは、〝基本的には、機械論的、力学的に選びとられ、整えられたものにすぎない〟(6)。つまり、そこには、具体的に生きている生身の人間が何を感じどう生きているのか、という次元がないのである。ここが抜け落ちていれば、現実の世界に即した知とは言えない。

ときに価値観や考え方の変容を迫られることもある一筋縄ではいかない生身の生を生きている人間に

とって、本当の意味で力となるのは、「機械論的、力学的に整えられた知」ではなく、具体的な生身の人間の生から導き出された知である。たとえ研究に登場する人々と面識がなくとも、それらの人々についての記述が読者の生に響き、価値観や生き方に何らかの意味や変化がもたらされる――そうした力を有した研究を行うことが重要なのではないだろうか。これはこれまでの「近代科学」的心理学からすれば、逸脱した志向性にも見えるが、近年の心理学領域における方法論的パラダイムの転換において、より個別的でより具体的な事象の意味への志向性は徐々に重視されてきている。(7) すなわち、哲学の対象は「価値」を含むことであるという中村の指摘が、現在では心理学にも当てはまるようになってきていると言える。

具体的な生身の人間の生から導き出された知は、それを体験している当事者の「価値」と切り離せない。つまり個々に固有な事象の意味や質に迫るというときに、当然そうした意味や質の根底には当事者の「価値」――ものの見方――が存在する。研究者は、これを「生きられる」次元において感受し、記述していく。そのようにして導かれた知であるからこそ、それに触れた読者――当事者や研究者と同様に、何らかの「価値」に基づいて日々、考えたり、判断したり、感じたりしている読者――の生にも何らかの影響を与え得る可能性を秘めているのではないだろうか。

研究者の「生きられる」次元に踏み込むことには、こうした意義があると考えられる。

第3節　研究者に「感じられる」領域へ踏み込むこと

「感覚体験」への着目

生身の人間の実感に即した知を得るためには、本来さまざまなことを感受している研究者自身によって「生きられる」次元を問題にすべきである。これは、研究者が現場でその身体で以て感じたものを記述に盛り込むことを意味する。先にも少し触れたが、この、研究者の主観性の領域を研究に取り込んでいくことは、近代科学の三原則からすれば、非科学的とされてきたことである。しかし、生身の人間の生きる現実は「近代科学」の枠組みのみでは捉えきれないと考える質的研究の流れの中で、「生きられる」次元の意義に研究者たちも言及するようになっている。たとえば、大倉は、〝事象の「質」や「意味」を扱うためには、観察者である「私」に「感じられたもの」を扱うことは避けられず、観察者の「主観」をむしろ積極的かつ慎重に活用／反省していくことが重要である〟と述べている(8)。観察者とは言うまでもなく研究者のことである。また、子安も、現場に参入して心を知るパーティシペーション participation に関して、研究主体の潜在的および顕在的影響力を自覚した上でそれを「逆手にとる」研究の可能性について言及している(9)。つまり、これまで透明で中立的な存在であることを求められてきた研究者が、主体としての身体性を取り戻し、その感受する身体を通して生きた現実を積極的に提示する必要があるという主張である。

心理学が抱えてきたこの方法論的問題に関連して、森岡は、〝生きて動いているものをそのままに包括的に捉える知〟の重要性を指摘し、主客二元論の自然科学的枠組みを乗り越えうるゲーテの形態生成の発想を手がかりとしながら、その知へ接近する方法について考察している[10]。これによると、人間が常に動的な有機体である事実を重視し、そこで生成する現象を行為そのものとして理解する視点が必要とされる。〝行為のさなかにおいて主客をとらえる〟わけである。すなわち、人間的事象を、静的な客体的事象として自然科学と同様に分析的に扱うのではなく、人間的事象の根源とも言える動的な〝感覚体験〟に着目しつつ、行為という動的な現象そのものとして記述せねばならないという主張である。本書は、実感という次元に迫り、具体的人間が生きる場に還元されうる知を目指そうとするのであるから、こうした方法論的態度が必然的に求められると言える。

近年の対人支援の場における研究

事実、最近では、医療や看護、福祉などの対人支援の場において、ここまで述べてきたような現象学的な方法論的態度に基づく研究が数多く見られるようになってきている[11][12][13][14]。これは、対人関係が中核となるそれらの臨床の場が、先述のように、当たり前に続くと感じてしまっている日常がいとも簡単に崩れ、新たなる世界への臨み方をこの身に求められる場であることと関係しているだろう。そうした、これまでとはまったく異なる現実を生きざるを得なくなった者にとっては、数量化による現実の客観視や因果関係による現実の理解など以上に、とにかく目の前の現実への新しい意味づけこそ重要となるからである。

ここまで議論してきたように、〈価値〉という生身の人間の生から省くことのできない領域も視野に入れた研究を目指すなら、研究者が透明な存在として「客観的」な態度を貫くことはできない。木村が主張するように、私たちは主体―客体という枠組みをあらかじめ前提として生きているのではなく、彼が〝自〟と呼ぶ「あいだ以前」の場が、その場を生きるそれぞれの者に経験されることで初めて、主客というあり方が生まれる。(5) このような立場に立てば、研究者もまずはそこを生きているということ――周囲の他者や世界との関係に応じてノエシス的行為を営んでいる主体であるということ――に立ち返らねばならないだろう。そこから見えてくることを問題にして初めて、現実に即した知につながるのではないだろうか。

第4章　関与観察という方法

第1節　人を「観る」という行為

実感の次元に立ち入るためには

さて、ここまでは本書が立つべき方法論的な態度について述べてきた。本章では、その方法論的態度の中核を成す、人が人を「観る」ということに関して考えておきたい。議論を進める上で、「見る」と「観る」の違いを述べておく。「見る」は、人間が目という感覚器官を通して受動的に受け取る側面も含めた自然な行為を指す。一方で、「観る」はそのような自然な行為として相手を見る自分自身も含めてあらゆるものを透徹したまなざしによって「観る」こととして用いる。

本書のテーマは、他者と「つながる」ことがいかなることかを実感の次元で明らかにすることであった。この「実感」の次元を重視するところが本書の核心であるが、それを実現するためにはその実感を生み出す基底層となる身体の次元に踏み入らねばならない。

これまでの心理学において、他者関係に関する議論が他者とのノエマ的な何かの「一致」という見方に回収され、日常の私たちの実感に即した「つながり」が十分に扱われてこなかった事情は、第Ⅰ部で見た通りである。そうした先行研究の問題は、研究者が研究の場に臨んでいる自らの身体の存在を無視してきたことによって生じたものである。

質的研究が盛んに議論されるようになってきた現在でこそ、心理学の領域においても、生身の身体という問題は注目されるようになってはきたが(1)(2)、それでもやはり、学問の俎上において生身の人間がまずは身体として生きているという観点を取り込んだ研究はまだ少ないのが現状ではないだろうか。たとえば、認知科学の領域においては、自己の内部における抽象的な世界を意味する、〝身体化された認知 embodied cogniton〟(3)という概念も登場した。しかし、実感ということに迫ろうとする場合、あくまでも、認知されたものとして表象化される以前の、生身の身体に感じられている漠とした感じにまず目を向ける必要がある。

研究対象を「観る」ということ

では、実感から乖離しないために、研究者が自らの身体の次元で生じていることを大切にしながら、研究の対象となる人を「観る」ということはいかなることなのだろうか。あらかじめ述べておけば、そのためにはまず自らに現前する他者を「見る」ことがその基本となり、さらにそのように他者を「見る」自らをもまた「観る」ことが必要である(4)。

先述の通り、従来の心理学的研究は、「科学的」であることを長く求められてきたため、研究者が無色透明の存在のように、当の研究に無影響のものとして扱われてきた。客観主義的な実験は言うまでもなく、研究者の研究対象者への実質的関与が皆無では済まされないフィールド観察においても、研究者の研究への影響はむしろ無くすべきという考え方が一般的であったと言える。実際には、そこに研究者がいるというだけでその場に何かしらの影響を与え始めているにもかかわらず、である。研究者の存在を無とするこのような研究の方法が、生身の人間とはどこか切り離された学知を生み出してきたのだと考えられる。

人間存在を第一義的に身体的存在として捉え、現象学的分析の意義を唱えたメルロポンティ(5)は、〝科学の思考──上空飛行的思考、対象一般の思考──は、それに先立つ「そこにある」ということのうちに、つまり、われわれの生活のなかで、われわれの身体にとってあるがままの感覚的世界や人工的世界の風景のうちに、またそうした世界の土壌の上に、連れもどされなくてはならないのだ〟と主張する。

このためにはまず、人間が人間を見ることを、自然科学などの「近代科学」と同じように人間が物を観ることと同じ出来事としてみなす従来の方法論から脱却せねばならない。きわめて単純化して言ってしまえば、物を観るとき、人は一方的にその物へ視線を投げかけ、そこからその物についての一方的な何らかの感情活動、意識活動を始めていく。

一方で、人が人を見るときはどうだろうか。鯨岡(4)は、物を観ることと人を見ることの違いを体験を通して実感してもらうべく、目の前の飲料用ペットボトルを克明に描くという課題と、教壇に立つ教官を描くという課題、二種のことを学生に課した。その結果、この課題に取り組んだ学生の多くが、人をもっぱら観るということに向かったとき、その態度を取り続けることが困難だったことに言及したという。事物は対象化して捉え、観ることができても、人を見ることにおいては、対象化して捉えることが難しい。自らがまなざしを向ける相手は、無機物のペットボトルと異なり、その者もまたこちら側に眼なざしを向けてくることがあり、そのことによって、観ることに徹しようとしても、もっぱら観る側ではいられないのである。

つまり、フィールド観察において研究対象者を「観る」となるとき、さも「物を観る」ことと同様に為せることと捉えられてしまいがちだがそうではない。「人を観る」ということの中には差し引くことのできないごく自然な「見る―見られる」関係性が含まれているため、研究対象者を「観る」ことによる研究であっても、「物を観る」ように「観る」を為すことはできないということだ。

「見られる」者である研究者の身体

このことに関して、メルロポンティは、〝謎は、私の身体が〈見るもの〉であると同時に〈見えるもの〉だという点にある。すべてのものに眼なざしを向ける私の身体は、自分にも眼なざしを向けることができるし、またその時自分が見ているものを、おのれの見る能力の「裏面」なのだと認めることができる。私の身体は見ている自分を見、触っている自分に触る。私の身体は自身にとっても見えるものであり、感じうるものなのだ。それは一個の自己である〟と述べている。[5]

つまり、研究者の身体は、「見る身体」であると同時に「見える身体」でもある。そして、「見える身体」であるということは、その他の見えるものと同じく世界に取り込まれ、他者からも見られるものとして存在することである。研究者の身体には、「見られる」という受動の契機が含まれているということである。この現象については、メルロポンティが交叉という概念を用いて論じている。交叉とは握る手が同時に握られる手でもあるというような関係のあり方を指す概念であり、身体という次元において、「見る―見られる」、「触る―触られる」というように、互いに浸蝕し合う能動―受動が一つの系として円環的に絡み合っているという事態を捉えようとするものである。

また、見るという行為は単に視覚情報を得るということに留まらない。メルロポンティが別のところで、〝視覚は身体に起こることを「契機として」生まれるのだ〟と述べている通り(5)、見るという行為の内には、さまざまなことを自ずと感じさせられるということが含まれている。教壇の教官を「見る（観る）」ことに徹しようとした学生たちが、逆に教官から「見られる」側に転換してしまう体験の中で、その身の内にさまざまな感じ（「居心地が悪い」、「恥ずかしい」など）が生じてきて、ペットボトルを見るようには、集中できなくなってしまうということである。

これは、人間の見るという行為が、それを行使している身体の運動と絡み合っていることを示している。メルロポンティは、この身体のあり方について、〝働いている現実の身体、つまり空間の一切れであったり機能の束であったりするのではなく、視覚と運動との縒《よ》り糸であるような身体〟と表現している(5)。たとえば、私たちは、道路を反対側へ渡るとき、向こうからこちらへ走ってくる車を見てすぐに、渡れるのか否かということを瞬時に身体で捉え、身体はそのように運動する（渡るもしくは止まる）。研究の場においても、研究者はこうした身体でその場を生きているはずである。

すなわち、「観る」ことも含め、「見る」ということを為しているのであれば、研究協力者とのあいだに、「見る―見られる」の関係が生きられているし、研究者はそこにいる他者や周囲の世界から影響を受けつつ存在することになる。先に、質的研究が盛んになってきた中で身体の存在にも目が向けられるようになってきたと述べたが、実感に根ざした知を目指そうとするならば、身体の問題を「身体化された認知」といった表象化された概念として一足飛ばしに取り扱うのではなく、研究者が上述の意味での「生きた身体」を取り戻し、「見る―見られる」という一つの系をその場でどう生きたかということを重視する必要があるのではないだろうか。

第2節　関与しながら観察するということ

さて、こうした人が人を見るという事態の根本的な内実を踏まえた上で、研究においては、「観る」こと、つまり、観察することについても考えねばならない。当然だが、ただ見るだけでは研究にならない。先に述べたような「視覚と運動との縒糸であるような身体」で研究に臨むということは、換言すれば、その場を生きている人々を「観察する」ことと「かかわる」ことを同時に為すことを意味する。この「関与しながら観察する」ということは、第1章においても言及したサリヴァンの主張である。近年、これに類似した「参加観察」や「参与観察」の方法を用いた研究が質的研究の領域で多く見られるようになってきている。

しかし、それらはサリヴァンが示そうとした「関与しながらの観察」ということの本質を正確に踏まえているのだろうか。これについて、議論をまとめておく必要があるだろう。以下の論考は、「関与しながらの観察」ということの本質について、私が保育園という現場での体験を通して、具体的なかかわりの事例から考察したものである。現場を生きている人々を客観的に外側から観る者としてではなく彼らとごく自然にかかわる者としてあるだけでは、その関係に巻き込まれて知を生み出すための研究という営みが疎かになる。逆に、科学的な研究者然として外部的観察に徹すれば、その場で生きている人々に自然にかかわっていくことが困難になる。このように相反する態度を迫られる「関与しながらの観察」という方法では、研究者はどのようなあり方をすればここまで述べてきたような実感の伴う知を掬い上げることが可能となるのだろうか。

1　関係を生きることとしての関与観察

近年の現場研究

近年、人間科学領域では、研究を人が生きる現場の実践につながる「学」としようという志向性が高まってきており、それに伴って現場研究が盛んに行われている。(6)(7)(8)子どもたちの生活の場であり、育ちの場となる保育の現場においても、その育ちを支えることに親や保育者以外のさまざまな立場の大人がかかわるようになり、子どもの育ちに関心を寄せる研究者もまた、その一人として現場に赴き生身の子どもたちとかかわることも多くなってきた。(9)(10)(11)

そして、こうした動向と平行するように、研究者の現場への関与性が孕む問題についてさまざまに議論がなされている。これは、「場に関与しながら観察を行う」という方法論的態度が、必然的に「関与」と「観察」という二重性を孕み、それゆえに研究者自身が何らかの存在意味をまとう者として現場に在ることを免れないという現実に起因する動きだと考えられる。

たとえば、石野は、保育の場で関与観察者がいかに子どもの育ちを捉える者として存在しうるのかについて省察し、関与観察者の特性について、〝保育の場の内部と外部の連続帯の上で多様なありようを身にまとう〟存在であるとしている。(12)その上で、〝関与観察者は、この存在の多様性を利することによってこそ、手応えのあるかたちで、その場での子どもの育ちの実情を捉えることができる〟ことを具体的な事例に即して明らかにしている。(12)また、吉村らは、保育臨床という観点から、実践と研究をつなぐものとしての保育者の語りに着目し、研究者と保育者が協同で保育の質の向上を図る上で重要となる関係のもち方について、研究者が〝保育者その人の子ども理解・保育理解を共有し、保育の場を共に生き直そうとする〟ような〝並ぶ関係〟をもとうとすることが重要であると指摘している(13)。さらに、そうした研究者と実践者との協働的な関係の生成過程を自らの保育観察を振り返ることによって具体的に描き出す研究もなされている(14)。

これらは、これまで客観的行動観察による研究においては軽視されてきた研究者自身の存在を主題化し、そのありようや自らの研究プロセスについて第三者的視点から詳細な分析を試みており、現場に赴きかかわりながら研究を行おうとする研究者に重要な知見を与えてくれる。

現場への関与による関係性への問い

しかし、こうした知見を確認しながらも、実際に研究者（＝関与観察者）として保育の現場に臨み始めると、研究者の現場への関与性が孕む問題は、研究者側の態度や立場の如何のみに留まらないことに気づかされる。個々具体の子どもたちの育ちの実情を手応えのあるかたちで捉えようとするとき、自らが彼らの前にいかなる存在として現前し、いかにその関係を生きるのかという両者の関係性を含みこんだ問いが生じてくるからである。換言すれば、研究者としてその場にどう在るかという水準から一歩踏み込んだ、個別具体的なAちゃんにとっての「私」（＝関与観察者）、Bちゃんにとっての「私」、といった水準でのあり方への問いが突きつけられるということである。これは、研究者が現場に関与するということが、現場の個々の人々（子どもたち、保育者など）にとっては一つの出会いとなり、そこに互いに関与し合う関係性が立ち上がることを意味している。だが、これまで、この事実を踏まえた上で、保育の場において研究者（＝関与観察者）の存在の意味を考察した研究はほとんど見られない。

私は、子どもがいかに主体として育つのかという関心のもと、保育園において関与観察を継続しているが、各々かかわってきてくれる子どもたちを前にすると、上述の、「〇〇ちゃんにとっての「私」」がいかなる存在であるかということを常に意識させられ、目の前の子どもが「私」という固有の主体に向けた態度の意味を明らかにすることなしには、彼らの主体としてのありようについて、またその育ちについて、一つも語ることなどできないと実感している。それは、彼ら一人ひとりがそれぞれどのような体験世界を生き、何を思い、行動しているのかということを彼らの文脈に沿って掴もうとする志向性が、翻って、彼らのその体験世界の内にある関与観察者である「私」自身の存在を明確にすることを促すからだといえる。

西垣らは、子どもの育ちを実感するとき、そこには感情のつながりや物理的なつながりなどさまざまなつながりの形成を感じると述べ、そのつながりから育ちを読み取ることの可能性について示唆している[15]。これに鑑みると、個々の子どもの具体的な育ちを捉えたいがために現場に参入している研究者である関与観察者が、その身に求められる「関与」のあり方は、ただ「その場に居合わせる」というあり方ではなく、そうした「つながり」を形成する質のものでなくてはならないだろう。これに関連して、鯨岡は、〝生き生きした生活の場に臨んでなされる観察は、あの身体とこの身体とのあいだで、「見る―見られる」「感じる―感じられる」が交差する対人的な関係における観察〟であることに言及している[16]。

現場における研究者の存在の意味

しかし、近年数多くなされている現場研究は、「関与すること」が「その場に居合わせること」に限局されてしまっている研究がほとんどであり、関与観察者との「つながり」の上に――鯨岡の言うような、関与観察者と子どもたちとのあいだの能動と受動が交差する対人的な関係の上に――子どもの育ちを捉える研究はなかなか見られない。換言すれば、それは、現場において研究者としてどうあるかという水準から一歩踏み込んだ、個々具体の「○○ちゃんにとっての」関与観察者、という水準での研究者の存在の意味が、これまで問われてこなかったということである。子どもとの「つながり」の中から彼らの育ちを捉えていこうとするとき、研究者側に立って自らの関与の質を検討するだけでなく、子どもの側からみた関与観察者の現れ――個々具体の子どもにとっての関与観察者の存在の意味――を問うていく必要がある。

2 子どもの側から関与観察者の存在の意味を問うこと

子どもの側から関与観察者の関与の質について考えることは、実際の生きられる世界における関与を問題にすることを意味している。それは、子どもを前にしたときの日々の保育者の対応を問うことでもある。単なる研究上の方法論に留まらず、保育の場で展開されている保育実践そのものを議論することにつながりうると考えられる。保育者は、日々生身の子どもとかかわり、一人ひとりの子どもとの関係を生きる中で、子どもたちの個々の思いを受け止め、保育者として自らの思いを子どもに返していっている。関与観察を行う研究者もまた、一方では「観る」存在でありながら、他方、子どもにかかわる人という点においては、保育者のあり方と大きく変わらない側面ももっている。実践者と研究者という立場の違いはあるが、生身の子どもを前にして「いま、ここ」でいかに対応するのか、という点では、関与観察者も保育者の立場と重なる部分があると言える。

したがって、子どもの側から研究者の関与の質を問うことは、より現場の実情に即した、つまり保育者という実践者によって生きられる世界に即した子どもの育ちの捉えを可能にすると考えられる。保育者側からすれば、そのような研究者と協同して保育実践を省察していくことで、子どもの育ちを支える日々の保育を向上させていくことも可能になってくるのではないだろうか。

3　事例

私は、二〇〇X年五月より二〇XX年まで、名古屋市内の保育園の協力を得て保育観察を継続し、月に二～四回の頻度で土曜異年齢保育の午後に参加していた。また、私は、保育士資格は有していないが、長期的に保育に参入する中で、自然と子どもたちや保育者から「まき先生」と呼ばれるようになり、補助的な保育者としての一面も担いながら場にかかわっていた。研究は、鯨岡の〝関与しながらの観察とエピソード記述〟(4)に拠って行っていた。保育時間中は、印象に残った場面について可能であればメモをとり、観察終了後、できるかぎり迅速に文章化して事例として記録するという形である。以下の議論においては、事例を提示するにあたって関与観察者である私について、「私」と表記している。

ここで取り上げる事例は、Aちゃん（観察時五歳一〇ヶ月の女児）が私に不意に投げかけた言葉が契機となり、Aちゃんと私との固有の関係性が突如として顕在化したように感じられたものである。これが契機となり、まさに保育の場における関与観察者の存在について考えることを迫られたのである。

（1） Aちゃんと私のかかわりの背景

Aちゃんは、私が初めて保育園へ観察に入った当日から、私に飛びついて来てくれ、一緒に遊ぼうと熱心に誘ってくれた子であった。すぐに私の名前をフルネームで覚え、他の子たちに私に代わって名前を紹介してくれたりもしていた。また、日頃の振る舞いから保育者のあいだで「しっかり者」という共通認識がもたれており、乳児や低年齢児も同時に保育する土曜日の自由保育において、低年齢児を見ていてくれるようにと、忙しい保育者から頼まれることも度々あり、Aちゃんの様子からは、そのように任されることを誇りに感じているように、私には映っていた。

しかし、このように保育園の中で「しっかり者」としてあるだけに、私と二人きりのかかわりにおけるAちゃんのありように「あれ？」というような違和感を抱くことが度々あった。なぜなら、時には年少児や年中児に紛れてAちゃんも「抱っこー」と私にねだりに来たり、また、園庭で遊ぶときには、外に出るやいなや年少児の子たちより先に「雲梯するから見てて！」と私の手を引いて雲梯まで連れてきて、何度も何度も雲梯渡りを繰り返し、最初に身体を持ち上げて棒を掴ませてあげること以外は、もうしっかり一人で雲梯を渡れ、私の手助けなど必要ないにもかかわらず、私に「見てて！」「もう一回！もう一回！」と、こちらがキリがないと思ってしまうほど自分の雲梯渡りを傍らでただ見ていることを求めてきたりすることがあったからである。私の前でのこうしたAちゃんのありようからは、「傍にいてほしい」「見ていてほしい」という思いがひしひしと伝わってきて、他の保育者の前で見せる「ちょっとお姉さん」のような振る舞いのAちゃんとは明らかに異なった印象を抱かされた。

また、一方では、遊びの中で私に「指示をする」ということも度々あった。たとえば、塗り絵をして遊ぶときなどは、「ここに丸書いて！」、「次はここを赤で塗って！」というように次々に指示を出したり、園庭の遊具で遊ぶときにも、「次は、こうして」とAちゃんのやり方に沿って遊ぶことを強いられたりすることもあった。このようなとき私は、塗り絵なら塗り絵を共に楽しもうとする中で、Aちゃんの度重なる指示に対して、自然な遊びの流れを止められ操作されているような違和感を抱いてしまい、ときには、「うーん、Aちゃん、私はここ緑がいいなあ」などと意見を伝えてみるのだが、「だめ！」と結局頑なにAちゃんの意思に沿うことを強いられることが多かった。

観察に入るたびに、Aちゃんは、私の元へ駆け寄って来てくれ一緒に時間を過ごすことが多かったのだが、こうしたAちゃんの私に対するかかわりを見るにつれて、Aちゃんにとっての「私」は同じ大人である保育者とはどこか異なる存在として受け止められているのかもしれないということを感じ、Aちゃんが私に何を求めているのかについて考えさせられるようになっていった。

(2)　エピソード

◆エピソード　「私ばっかり、大変でしょ」

ある日のおやつの時間のことである。私は、それまで遊んでいた数人の子たちから次々に隣で食べようねと言われ、各々の思いを前に、どうしたらいいものかとやや困りながらおやつの準備をしていた。その合間にも私の足に両腕を回してそこから動けないようにして「となりー、となりー」と自分の隣に早く座るように求めてくる子もいる。しかしそうこうしながらも保育士の二人の先生と準備している間に、先生方の言葉かけもあってなんとかみんな落ち着いて席に着いた。数人の子たちに隣に座るようにお願いされていた私は、どこに座るべきか迷ったが、ようやく落ち着いて座った子たちがまた騒ぎ出すことがないように、たまたま近くに座っているAちゃんが小さく手招きしていることもあってそっとAちゃんの隣に座った。

するとAちゃんが満足そうににっこり顔を見合わせ、私の耳元でささやくように「私ばっかり、赤ちゃんの面倒大変でしょ」と言うのである。思いがけない言葉に、一瞬私は驚いて、Aちゃんの顔を見て「ん？」と尋ねると、やはりAちゃんは、「Aちゃんばっかり、赤ちゃんの面倒大変でしょ」と秘密をこっそり伝えるように繰り返した。四人座れるAちゃんの席には、他に二歳児以下の子が三人席についており、やや小さい椅子に座って席についているAちゃん一人がより大きく見えていたのだが、そのとき私は、常に周りの子に比べてしっかりして見えていたAちゃんの中にも、他の子どもたち同様の「子どもらしい」ありようを見た気がして、自然に「そうだね」と答え、三人の低年齢児とAちゃんが席につく机でおやつの時間を過ごした。

〈考察〉

Aちゃんの本音

「Aちゃんばっかり、赤ちゃんの面倒大変でしょ」というAちゃんの言葉は、それまでに私が抱いていたAちゃん像に揺らぎを起こし、Aちゃんにとっての自らの存在の意味へ意識を向けさせる印象的なものとなった。この言葉が意味するところはもちろんのこと、こっそりと秘密を打ち明けるように私に伝えるその様子そのものが意味をもつものとして感じられ、私はAちゃんが胸の内に抱えていた思いに明確に気づかされると同時に、「私」という存在がAちゃんにとって、保育者とはどこか異なる性質の大人として捉えられていることにはっきりと気づかされた。

保育者から「しっかり者」として見られているAちゃんが、周囲からのその認識を誇らしげに受け止め、その期待に応えようという様子は、土曜保育の中でも確かに見受けられていた。先生から頼まれるときに限らず、園庭での遊びのときには自ら小さい子たちの面倒を買って出て、しかも嬉しそうに面倒を見ていたからである。しかしその一方で、繰り返し関与観察に入る中で、保育者には見せない一面を私に出しているのかなと思わされる印象を少なからず受けていたこともあって、Aちゃんのこのときの言葉は、私にとってふいを突かれて驚かされるものではあったものの、「やはりそうだったのか」という安堵の思いをもって受け止められるものでもあった。

異年齢の子どもたちが集まる土曜保育においては、これまでの積み重ねから「しっかり者」であろうとし、またときには誇らしげにそうしているように見えることもあるAちゃんであったが、やはりその中には、他の子たちと同じように甘えたいという思いがあることを直接的に聞くことができ、その思いを一人の大人である私に伝えることができたことによる安堵であったと思う。だからこそこのとき、それまで背景化されてしまっていたが、Aちゃんの中にも確かに存在する他の子と同質の「子どもらしい」可愛らしさが突如として明確に浮き立って私に迫ってきたのだろう。もともとしっかりしたところのあったAちゃんに保育者から与えられるようになった「しっかり者」としての役割が、Aちゃんにとっては自信と誇りを持たせてくれる半面、小さな重荷にもなっていたことがうかがえる。

不意にこの言葉を受けたとき私には、Aちゃんが日頃胸の底に抱えているものの、保育者の期待を裏切りたくないがために保育者には表せられない「本音」を、「私」という大人にこっそり伝えてくれたように感じられた。しかし、その一方で、それを伝えるAちゃんの表情は、にっこりと満足そうに私と秘密を共有しようとでもいうような表情なのである。Aちゃんの言葉の字面の意味するところは、自分ばかり大変で辛いのだ、というものであり、重みのある思いの吐露にも見える一方で、それを口にする表情は軽快であり、字面と一致していない。とすると、私に耳打ちしたときのAちゃんは、単に保育士に伝えられない重苦しい「本音」を訴えようとしたと捉えるのは、誤りであろう。このときのAちゃんの表情は、Aちゃんにとっての「私」がどのような他者として現れているのかという問いをもたらすものであった。

Aちゃんにとっての「私」とは

Aちゃんにとって「私」という大人はどのような他者性を帯びているのだろうか。石野は、関与観察者の存在を保育の現場の内でもなく、かといってまったく外部でもない〝なじんだ他処者〟とよび、保育園という一つの社会からはみ出た存在としてのその〝脱コード的〟な特質に言及している[12]。Aちゃんの発言は、「私」という関与観察者の纏うこの特質を的確に捉えていたことがうかがえる。

もちろん、保育者であろうと、「脱コード的」な関与観察者であろうと、まず求められる実践的要請は、個々の子どもとの関係において「いま、ここ」の子どもの思いを丁寧に受け止めるということであろう。しかし、時間通りに子ども集団を動かすことを同時に求められる保育士に対して、ある程度一人ひとりとゆったりとした時間をもってかかわることができる「私」は、Aちゃんにとって自らの自我をそのまま前面に押し出しやすい相手だったのではないだろうか。先述した塗り絵などの場面にしても、

「なじんだ大人」である「私」は、次々に繰り出される「指示」に対して多少の違和感を抱くことがありながらも、やはりAちゃんの「こうしてほしい」という思いをまず受け入れる対応をとっていたし、雲梯の場面でも他の子どもたちの「遊ぼう遊ぼう」という誘いを保留して、とにかくAちゃんの傍らで長いことAちゃんの運梯渡りに付き合っていた。こうした一対一でじっくり向き合う私のありようが、Aちゃんには、「ある程度自分の思いをそのまま伝えても良い大人」として受け止められ、「Aちゃんばっかり、赤ちゃんの面倒大変でしょ」という発言につながったのではないかと考えられる。

また同時に、Aちゃんにとって自らの指示をすんなりとは言わないまでも結局受け入れる私は、大人とはいえ「対等」な存在としても映っていたのではないだろうか。そう考えると、秘密を打ち明けるようにこっそりと私に伝えた「Aちゃんばっかり、赤ちゃんの面倒大変でしょ」という発言は、「しっかり者」として振る舞っている保育者や他の子どもたちの前では見せられない「本音」を、言わば「同僚」にこぼしたとでもいうような意味合いも持っていたとも指摘できるだろう。このとき、「赤ちゃんの面倒をみるのが大変」ということを切実に訴えるようにというよりも、隣に座った私に茶目っ気とも感じられる表情でこっそり伝えてくれたありようからも、「大変だから助けてほしい」という直接的なメッセージ以上に、Aちゃんが、私とのあいだのそうした独特の「対等」さをある意味では楽しんでいたことをうかがうことができたのである。

こうして関与観察者である「私」がAちゃんにとっていかなる他者性を帯びた存在であるかを考えてみると、Aちゃんの日常の生きられる場に、「脱コード的」な「私」という関与観察者が参入することは、現場の人々にとっては研究者という名のつくものを単に受け入れるという平面的な意味に留まらず、生きた身体を携えた一個の主体、新たなる固有の関係を築く可能性をもった相手を迎え入れることなのだということが見えてくる。このことに関連して、鯨岡は、人は、互いに〝映し合う〟存在だと主張している。[17] つまり、人が他者に向き合っていく〝その能動性は一方的なものではなく、相手の出方に制約されるという意味での受動性と対になっている〟というわけである。[17] であるならば、「私」のAちゃんへの現前は、Aちゃんにとって自らを映し出す新たな鏡が現れることを意味し、「私」とAちゃんが「映し合う鏡」となるような固有の関係の場において、新たな世界（他者）への態度の持ち方を経験する機会となるということができる。こっそりと私に耳打ちした言葉は、まさにAちゃんの「私」への態度表明と捉えられ、だからこそ私はこの発言に、Aちゃんを映し出す一つの鏡としての自分の存在を強く意識させられたのだと言える。関与観察者は、研究者として存在する以前に、その場の成員（ここではAちゃん）によって生きられる世界に一個の主体としてある場所を占めて現れ、その世界に力動的に影響を与えうる者となるという意味において、単なる「観る」主体としてのみではいられないのである。

4　事例のまとめ

(1)　生きた自他関係を築く関与観察者へ

保育園で実際に子どもたちと遊んでいると自らが研究者であることなど子どもにとっては何の意味ももたず、ただ一人の人間として現前していることを思い知らされる。保育の現場で子どもの主体としての育ちを関与観察という方法論の下で考えていこうとすることの出発点は、本田が言うように、まさに〝一人の人間としての「私」と、一人の人間としての「幼児」が出会うこと〟であろう。[18] 透明であることが不可能な身体を携えて子どもたちと具体的にかかわる以上、「Aちゃんばっかり大変でしょ」というような一個の主体としての思いを不意にぶつけられる局面は多々あり、その意味で、研究者も必然的に「育てる」営みにすでに「巻き込まれ」ており、子どもの育ちを支える者として場に在ることとなる。

ここまで、Aちゃんの事例に即して、人が生きる現場に関与観察者として参入することが、参入される側にとってはどのような体験となっているのかについて探ってきたが、以上のように考察してくると、「自分ばかり赤ちゃんの面倒をみるのは大変だ」というAちゃんの発言の内容だけでなく、その発言を可能にするような関係性、あるいはその発言が有している関係論的な意味合いにも目を向けねばならないことが見えてくる。メッセージの内容をAちゃんの体験世界に沿って汲み取ろうとするときには、「私」は必然的にAちゃんとの関係性を基底としてその言葉を受け止めることを迫られる。この構造の内に、「関与」しながら「観る」ことの内実があると言えるのではないだろうか。Aちゃんの発言の字面を「観る」だけでは、Aちゃんという主体の生きている世界を理解するには十分でなく、Aちゃんから「私」に向けられた受け止めてほしいという志向性の上にそれを捉えてこそ、その生きた意味を把握できるのである。逆に言えば、「関与すること」が単純に子どもたちの言葉の表面的な意味に対して応答することのみに留まってしまうのであれば、子どもたちのメッセージの真の意味を「観」て取ることはできない。観察者でありながらも、「私」という他の誰でもない人間として子どもには現れていることを忘れてはいけない。

総じて、関与観察に臨む研究者に問われるのは、いかに目の前の子と「生きた自他関係」を築けるかということだと言える。これは、メルロポンティの言葉を借りれば、〝〈対他〉という地から浮き出てくる〈対自〉[19]〟、つまり私（＝筆者）にとっての「私＝研究者」を生きるのみではなく、Aちゃんなら A

ちゃんという他者とのかかわりにおいて意味をもって現れてくる「私」としてその場を生きることが求められるということである。客観的観察との決定的な違いはここにあり、こうした関係性を生きるからこそ、その基盤の上にメッセージの内容を捉えるということに開かれ、固有性をもった生身の人間の体験世界を掴むことが可能になるのではないだろうか。

(2) 実践的関与から生じてくる問いを捉えること

子どもが主体として「育つ」ということはそもそもいかなることなのか、という根本的な問題を携えて子どもたちの具体的な育ちの場に赴くとき、研究者が研究上の「問い」を持ちながら、その「問い」の答えを直線的に求め導こうとするあり方を脱却しなければならない。次々に目の前で展開される子どもたちの「いま、ここ」を生きる主体としてのあり方は、その場を共に生きることへと研究者を「巻き込む」ものであり、研究者があらかじめある特定の理論的関心に沿って現場を観て、一定の観測点から現象を説明するという研究態度では、子どもの「育ち」の実情を掴めないのである。言い換えれば、現場において立ち上がってくる「問い」は、研究者に既存の枠組みに収まらない柔軟な観点をもつことを促してくる。自らの枠組みを留保した中で自ずと目に留まった印象的な事象を検討していくことによって、子どもが「育つ」ということとの実践的理論を立てていくことが研究者には求められる。

木村は、「もの」と「こと」という言葉を挙げて、〝「もの」が私たちにとって中立的・無差別的な客観的態度であるのに対して、「こと」は私たちのそれに対する実践的関与をうながすはたらきをもっている〟としている[20]。

保育の場で生き生きと生きる子どもの姿に圧倒され、関係に「巻き込まれ」、ときに翻弄される中でその子どもたちの「育つ」ことの意味を考えるとき、子どもの「育ち」は、中立的・無差別的に「もの」を捉えようとする視点で切り取れるようなものでは決してなく、かかわり手とのあいだで生じる一つひとつの事象の意味を現象学的態度のもとで解きほぐしていくことによってしか捉えられないと実感する。現象学的態度とは、従来の個体発達心理学が主に則ってきたような、仮説を検証し行動を予見しようとする態度ではなく、生きられる現場における問題を探り、問いを立て、現象の意味を理解するという態度を意味する。実際に子どもが生きている現場に赴き、かかわることの中でその「育ち」を考える機会を得るからには、こうした現象学的態度の下で、本来それぞれ固有の「こと」を生きている一人ひとりの子どもたちの体験世界に踏み込み、その体験世界を「こと」のまま描き出すこと、まずはそこを出発点とすることが必要だと思われる。

＊

本章では、「現場に関与しながら観察を行う」方法論について、保育園という具体的な現場での事例を通して、研究者が現場に参入することが、関与される側にとっていかなる体験となっているのかという側面に焦点を当て、この方法論における「関与」の質について考察を行った。その結果、「現場の者との関係性を生きることとしての関与観察」という関与観察の本質的側面を描き出し、その重要性を再確認することができた。研究者が関与観察のこの本質を自覚して現場に臨むとき、ただ「その場に居合わせる」という意味での関与観察では見えてこなかった、子どもたちの生き生きとした体験世界が眼前に開かれ、生きられる水準における彼らの「育ち」を取り上げることが可能になるのではないだろうか。これは、保育園に限らず、生身の人間が生きている現場に臨んで行われるすべての研究について言えることであろう。そして、そこにこそその研究が人が生きる現場の実践につながる「学」へと展開していく道が開かれうるのだと考えられる。

第5章　体験の記述による実感に根ざした知

第1節　読み手との質感的世界の共有

知の受け取り手である読み手と研究者との関係

ここまで第3章・第4章では、心理学という学問が、近代科学の原則に準拠することで本来さまざまなことを感受する根源としての研究者自身の身体の存在を軽んじてきたこと、またそれによって、生身の人間の実感とは別次元で、いわば「上空飛行的思考」による知を積み上げてきたことを問題として挙げた。そして、これに対して研究者の感受する身体を取り戻し、現場を生きる人々にかかわりながら観察するという方法論的態度について論じてきた。

本章では、研究者が現場で得た気づきを知として他者へ発信していく方法について考えたい。これまでの近代科学の原則に基づいた心理学研究においては、その多くが、先行研究から仮説を立て、その仮説について実験的に検証するという方法を主としてきた。それゆえ、その知の発信の仕方は、数値化やグラフや表による視覚化によって、事象の相関関係や因果関係を表すというものであった。また、その知は誰がその研究の結果を受け取っても、同じものとして受け取ることができるということが当然の原則であった。

しかし、本書のように、研究者を含めその場に在る人の「生きられる」体験世界から知を掬い上げようとする研究の場合、知の発信の仕方においてもこれまでとはまったく異質な方法論が必要である。それは、単純にこれまで数値化やグラフや表で表してきたものを言語に変換するということではない。

森岡は、〝何が伝わったかというよりも、どういう風に伝えたかが意味を持つ〟と述べている[(1)]。そのことが二者の関係性を作るというのである。日常生活を振り返っても確かにこれはその通りである。情報の受け取り手の立場として本当にその情報が自らにとって意味を成してくるのは、発信者が伝えようとする情報を受信者の立場に立って伝えようとしてくれるときである。そして本書の目指す知が、実感に根ざした知であることに鑑みれば、知の発信のあり方もこのことを重視しなければならないだろう。従来の研究の知の発信においては、伝えるべき内容を端的にまとめることに重点が置かれてきた。その一方で、その研究を受け取る側の人間を、まさに今生きつつある存在として意識してきたとは言い難く、伝え手としての研究者と受け取り手としての読み手との関係性は問題にならなかった。

生きつつある存在としての読み手への意識

しかし、読み手の実感に響き得る知を目指すのであれば、そこには生ある読み手の存在への意識が根底になくてはならない。この意識によって、必然的に「どういう風に伝え」るのかという、ある意味で対面での人間関係と同じような問題が生じてくる。たとえば、対面での会話において、聴き手である他者に自らの体験を伝えようとするとき、私たちは何があったのかという客観的な情報だけではなく、他でもない自分が何を感じながらどのように在ったのかということを丁寧に話そうとするはずである。それと同様の志向性が、本書の研究には求められる。そのためには、実際に起こった出来事についての箇条書き的な表現ではなく、研究者が生きた体験世界についての表現が必要となる。

体験世界には、言語的世界に回収できない、人間が身体で生きるがゆえの生の弾力のようなものが存在している。実感の次元を意識し、読み手に何かしら影響を与えることを考えるのであれば、読み手も一人の人間として同じくそうした生を生きる者であるという前提に立って、そうした弾力そのものを可能な限り共有してもらおうとせねばならないだろう。すなわち、研究者と読み手とのあいだでの、〝質感的世界〟[2][3]の共有である。

荒川・森岡は、〝人は、言語的世界によって説明し、方針を立てる。しかし、人を動かすもう一つの原動力は「質感的世界」である〟と述べている[4]。質感的世界をどう明るみに出していくかという問題は、生身の人間にかかわる研究を行う研究者の間で、その場で生じている事象の理解の上で無視することができないものとして、最近議論され始めている。

私たちが人とかかわる場には、そこにいる限り感受することになる独特の現場の質感というものがある。それは身体で感受している前言語的な次元のものであるが、その場においては、その独特の質感が私たちのあり方に影響を与え、それぞれの体験世界の基盤となっているとも言える。そこで何を感じながらどのように在ったのかということを伝えることは、その質感的世界を読者に共有してもらおうとする試みである。この質感的世界を共有することを基盤として、読み手は、一人の生身の人間としての研究者と自らを重ねることができ、研究者の生きた水準と同じところで、記述された出来事を感じることが可能となるのではないだろうか。

第2節　体験の一人称的記述という方法論

生身の身体に根付いた言葉

　では、読み手の存在を意識し、質感的世界を含んだ体験世界を記述するというのは、これまでの、読み手の存在を特別意識しない箇条書き的な知を提示する言語表現とどのように異なるのだろうか。ここまで、さまざまなことを感受する根源となる身体の次元の重要性について指摘してきたが、この問題についても身体の次元が大きく関わってくる。身体の次元を重要視するのであれば、その身体を携えた主体が表す言語も、単なる客体的なものとして済ましてしまうことはできないからである。

　生きた身体にとって言語は、〝思惟の着物ではなくて、思惟の徴表または身体[5]〟である。その言わんとするところは、私たちの言語活動は、表現しようとするノエマ的な思惟があらかじめあってそれを言語で翻訳しているのではなく、語るという行為の中において、つまり、〝表現をつうじてこそ、思惟はわれわれの思惟となる[5]〟ということである。

　あることを体験した当事者が語るとき、そこにはそれを体験した身体だからこそその表現が生み出される。ある体験をした当事者が語る世界というのは、それを他者が要約的にまとめて説明するものとは明らかに異なる。後者の場合、前節で述べた質感的世界が削ぎ落とされてしまうということに加えて、生身の身体に根付いた言葉が、その身体の自然な働きに沿って用いられるということはない。私たちの日常的な経験で言えば、自らが体験した事柄について他者に伝えるために自らの感覚に即して言語化したものが、他者によって端的にまとめられると、どこか当事者としては「そうではない」というような感覚を抱かされることがある。それは、やはりそこを自らの身体でもって生きた者の言語とそうでない言語との違いに因るのであろう。

実感に根ざした知の表現

逆に言えば、「私」という研究者が為す言語表現は、かつてその体験を生き、そこでのさまざまな行為を為していた私の身体から生まれるものであり、そのように語られる体験世界とは、まさにそこを生きた身体を携えている私にとって、もっともしっくり馴染む言葉である必要があるということになるだろう。実感に根ざした知の表現とは、単純に現場で生じた行為の記録として、データ提示のように言語化を行うことではない。当の事象を生きた研究者の代替の効かない言語活動によって為される体験の記述でなければならない。

したがって、本書での体験世界の記述において主語とすべきは、その身体をもって当の体験を生きた者、すなわち研究者自身の一人称である「私」ということになる。これまでの学問の世界からすれば、研究の中に一人称の記述が登場することは考えられなかった。それは、第3章で述べた近代科学の三原則（普遍性・論理性・客観性）から逸脱するからである。しかし、近年の心理学では、事象の意味への志向性からますます発展しつつある質的研究の一つのあり方として、研究主体であると同時に生活主体でもある研究者自らの体験を対象とする研究が見られるようにもなってきている。(6)(7)これらは、研究者自身が自らの経験を反省的に振り返り、そこを生きた者としてその経験から意味や価値を見出そうとするものであり、当事者による当事者研究と呼ばれる。

研究者自らも社会の中で生を営む一人の人間であるということを基盤にする点において、こうした当事者研究は本書と志向性を同じくするものだと言える。どちらにおいても、これまで科学的な方法としてみなされてこなかった研究者自身の体験の記述ということが、どのように位置づけられるのかということが問題となる。

読み手の生きている世界との響き合い

一般に、研究者が自らの経験から掬い上げる知は、個別具体的な固有の知に過ぎず、一般性を目指す科学と言えるのかという議論が常につきまとう。(8) しかし、事象の因果関係や構造を解明することで一般的な知を目指す自然科学のあり方に対して、質的研究が目指そうとするものは、〝人間的了解〟(9) である。目指すものが異なれば、そのための研究対象やそこから導き出される知の性質が異なるのは当然である。質的研究が、〝人間存在の生の豊かな意味を明らかにする〟(9) ことを目指すのであれば、「近代科学」が排除してきた質感的世界を取り上げ、そこを生きた研究者の一人称の記述によって固有の知を見出すことにも価値が与えられてしかるべきではないだろうか。

では、質感的世界という生身の人間が生を営んでいる次元から知を立ち上げることに内在する価値とは何だろうか。〝人間的了解〟を目指し、生身の人間がその身体を通して経験したことの意味を解明していこうとする方法は、それがその現場固有の事象であっても、同じ人間として読み手にそれと類似する経験を想起させ、人が生きるということについて深い内省を促しうると考えられる。その意味で、研究者の経験の一人称的な記述という方法は、導き出した確固たる結果を読み手に一方的に提示するのではなく、一人称の記述を読むという行為そのもののさなかにおいて読み手自身に何らかの気づきが得られるという仕方で知を喚起するものだと言えるかもしれない。体験の一人称的記述によって人間的事象の本質を追究しようとする方法は、読み手の生きている世界と響き合いながら、新たな意味を産出していく点にその価値を有しているのである。

第3節　一回性の事例を考えるということ

心の二つの側面

第2章において、デイヴィッドが心的なことを心理学的なものと現象的なものという二つの側面に区別したことを挙げた(10)。彼は、この二つの心の側面として、〝現象的な概念は、一人称の側面に関わり、心理学的な概念は三人称の側面に関わる〟とし、〝心のどの側面に関心が向かうかで、心へのアプローチはまるっきり違ってくるだろう〟と述べている(10)。また同時に、〝認知モデルは、意識の心理学的な側面を説明するのによく合っている〟が、〝本当に難しいのは、現象的な意識に関する問題であり、これは今までに提唱されてきた心理学的な意識の説明では、触れられないまま〟であるとしている(10)。

メルロポンティも、〝心理学者が意識について論ずるとき、彼の考えている意識の在り方は、物の在り方と根本的に違ったものではありません。意識は研究されるべき一つの対象であり、そして心理学者はこの意識を世界のなかの物のあいだに見いだし、世界という体系のなかの一つの出来事として見いだします〟と述べ、これまでの心理学研究が、個人の意識をノエマ的なものとして問題にしてきたことを指摘している(11)。そしてこの傾向に対して、〝意識の根本的な独自性を捉えうるような考え方に行きつくには、それと違ったタイプの分析が必要なのです、それはつまり、われわれ自身の経験のうちに、およそ可能なすべての「心」（psyche）の〈意味〉そのものや〈本質〉を発見するような分析です〟と述べている。[11]

本書は、まさにこれまで「近代科学」の原則に則ることで十分に議論されてこなかった、彼らの言うところの現象的な心、「心」の〈意味〉や〈本質〉の領域に触れようとするものである。そのためには、〝心理学のつねに用いている基本的諸概念を、自分自身の経験との触れ合いから作り上げていこうとするような反省的努力を、まず必要とする〟。[11] だからこそ、現象そのものに迫るべく体験の一人称的記述という方法論を提起したわけである。

一般が個別を内包するのではない

それでは、従来の「近代科学」に準拠して得られる知と、体験の一人称的記述を用いた事例研究から得られる知とは、どのような関係にあるのだろうか。言うまでもなく前者は、いわゆる人間一般に関わる知であり、後者は、特定の場所・時間において生活する固有の人間についての知である。これまでの学問の世界では、議論の余地もほぼないままに、後者は「科学的でない」とされてきたとも言えるが、この二つの関係を考える上で、木村が非常に深い示唆を与えている。〝具体の上にではなくて、具体の底に一般を見、一般が個別を含むのではなくて逆に個別が一般を含む〟というのである。[12] これは、従来の、一般が個別を内包するとみなす盲目的な枠組みを覆す。

第4章のAちゃんの事例で言えば、Aちゃんという固有の子どものあり方を見ることの中に、子どもという存在がいかなるものかということや、子どもへのふさわしい対応といった子ども一般に関するあり方を見ることが含まれているということである。「しっかり者」として見られているＡちゃんであったが、「Ａちゃんばっかり大変でしょ」という発言には、Ａちゃんの中にも甘えたい気持ちがあることが明確に現れていた。Ａちゃんのその言葉からは、子どもが「褒められるのが嬉しくてちょっと背伸びして頑張ってしまう」側面と「まだまだ大人に甘えたい」側面という両義性を抱えた存在であることが見えてくる。また、そうであるならば、大人はどのようにそうした子どもにかかわるべきなのかということについても考えていくことにつながる。このように一人の子どもに焦点を当ててその子がどのような世界を生きているのかを見ていくことが、子ども一般のありようや育てる営みのあり方をも含み込んでいる。こうした点から、木村は個別に徹底すべきであると主張するのだろう。

リアリティとアクチュアリティ

木村はまた、分裂病という病いの内実を論じる中で、現実と呼ばれるもののリアリティとアクチュアリティの解離という可能性を示唆し、〝同じように『現実』といっても、リアリティが現実を構成する事物の存在に関して、これを認識し確認する立場から言われるのに対して、アクチュアリティは現実に向かってはたらきかける行為のはたらきそのものに関して言われる〟とも述べている[13]。彼のこの重要な示唆は、「科学的」と言われる研究による知と私たちの日常の生活世界の実感というものの解離という問題にリンクする。これまでの「近代科学」に依拠した学知は、リアリティに関わる性質のものであり、木村が言うところのアクリュアリティのある知を欠いていた可能性を考えさせられるのである。

そして、斎藤は、木村のリアリティとアクチュアリティの議論を再考する中で、〝現象を見て取るもののなしに現象（するもの）がそれ自体で存在すると考えるのは、ちょうど痛みを感ずるものが誰もいないのに痛みだけが存在していると考えるのに似た背理である〟ことに言及している。[14] これは、リアリティという側面を追求するあまり、〝質感[2]〟を削ぎ落としてきた「近代科学」が犯してきた誤りと同じものではないだろうか。「近代科学」のみでは、人間の生を捉えるのには不足であり、現実を生きている生身の人間のアクチュアルなありようは捉えきれない。言い換えれば、生身の人間が質感的世界において ノエシス的行為を営んでいるという動的な側面も含んで考えなければならないということである。

前節で質感的世界の共有の重要性について述べたが、対象を徹底的に客観視することで明らかにされるリアリティの側面とは異なり、現実のアクチュアリティの側面は、一方的に対象を観る側に徹するような仕方では捉えられない。そこで何が起こったのかという客観視によるリアリティの側面に加えて、対象とのあいだで「見る―見られる」という交叉が為されるアクチュアリティの側面が加わって初めて、生身の人間が腑に落ちる知に到達すると考えられる。

であるとすれば、事象の固有性や一回性を「科学的でない」として捨象するのではなく、それこそを〝人の生の実相[15]〟であるとして描いていくことが必要となるだろう。先に挙げた木村[12]の、一般と個別の関係への重要な示唆も含め合わせれば、一つの事象を徹底的に掘り下げていくことは、リアリティとアクチュアリティの両側面から成る現実を生きる固有の人間の底に、人間一般に共通する知を掬い上げることとなる。そこから生まれる知こそが実際的な人間関係を結んでいくことへの貢献となるのではないだろうか。

他でもない研究者自身までも研究対象として内包する人間科学は、得られた知がまさに一人の人間の日々の生に何かしらの影響を与えるものであることに価値があると私は考える。もちろん、ヒトという生物一般に共通の特徴を実証的な研究によって積み上げていく従来の「近代科学」のあり方も重要であるが、その一方で、究極的には代替のきかない固有の生を生きている人間に帰するような知を、一回的な事象から探っていく学問のあり方も非常に重要である。

第４節　具体的方法

第Ⅱ部ではここまで、実感としての他者との「つながり」にアプローチするという問題意識の下、生身の人間を能力や主観といった要素に置き換えることなく、身体で感受している質感的世界を含めた体験世界に迫るための方法論について論じてきた。それは、日常的に自明とされている事象を再考するという方法論的態度を基盤とし、「見る―見られる」という交叉が生じる現場において関与しながらの観察を行うというものである。その上で、そのようにして得られたものをどのように表していくのかという問題について、研究者の生きた質感的世界を研究の受け手となる読み手と共有すること、そのために研究者自身を「私」とする一人称的記述が必要になること、またそうした一回的な出来事を考えていくことが人間一般に共通する知をもたらし得ることについて論じた。

関与観察とエピソード記述

これらを踏まえて本書の具体的な方法としては、鯨岡[15]の関与観察とエピソード記述を用いる。この方法は、事象の客観的な流れを描き出すタイプの記録（エピソード記録）とは異なり、その事象を取り上げた研究者の理論的背景との関連をふまえた考察をエピソードとあわせて提示するものである。誰のものでもない透明な「目」が観た出来事ではなく、ある問題意識を抱えながら生身の身体を携えて現場に臨んでいる研究者に「図」として浮かび上がってきた出来事を問題にする点が、鯨岡[15]の関与観察およびエピソード記述の特徴である。目の前を通り過ぎる数々の出来事の中で、研究者が取り上げる出来事は、固有の問題意識をもった当の研究者にとって——本書で言えば、実感として他者と「つながる」ことがいかなることか、という問いをもつ私にとって——、何らかの意味をもつものとして感じられる。さらに、その問題意識を読者に共有してもらえれば、その出来事は読者にとっても何かしらの意味があるものとして受け止められるだろう（その際、読者の側にはしばしば「考えさせられる」という感覚が生じる）。このような考えに基づいて、エピソード記述は、その出来事の「背景」と当の「出来事」（エピソード）、そして、その出来事を「図」として浮かび上がらせた問題意識と絡めた「考察」の三点がセットになって為される。

もちろん、記述の仕方は第2節で示した通り、質感的世界を含む体験世界の一人称的記述による。そこには、研究者自らが生きた事象の〝生き生き感[15]〟や〝息遣い[15]〟が含み込まれ、その場にいない者にも、まずはそこを生きた当事者たちのあいだで何が生じていたのかを、単純化することなく伝えることが目指される。この点でも、エピソード記述は、既成の概念に回収される以前の事象そのものを捉え、その意味を了解しようとする本書の目的に適うものである。

続く第Ⅲ部では、こうした方法に則り、私が他者と「共にある」というあり方——「つながり」——を考える上で印象的であったいくつかの場面を事例として挙げ、実感としての他者と「つながる」ことの内実を描き出す。それにより、他者と通底するという事態が、ノエシス的行為者としての主体どうしのいかなる交流によって可能となるのかということを明らかにする。

第Ⅲ部　三つの事例から

第Ⅰ部においては、ノエシス的行為者としての身体が基盤となって創り出されるその者の体験世界にアプローチする必要性を指摘し、これまで他者との内的な何かの一致ということに集約して捉えられてきた「他者理解＝分かる」こととは異なる、他者と「共にある」というあり方――「つながり」――を明らかにすべきことを問題提起した。そして、第Ⅱ部では、そのための方法論として、現象学的態度を基盤にした一人称の記述の必要性について論じた。

第Ⅲ部では、他者と「共にある」というあり方――「つながり」――の内実を明らかにする上で、私が他者を「分かる」ことと他者と「つながる」こととの違いを身を以て体験し、「つながり」をめぐる問いに対して何らかのヒントを得た三つの事例を提示する。一つ目と二つ目は私が研究のために訪れていた保育園で出会った子どもの事例である。三つ目は、実父の闘病を支える生活の中で得た事例である。

「つながり」を考える源泉としての子どもという存在

他者と「共にある」というあり方――「つながり」――を考える上で、子どもとのかかわりは、私にとって非常に気づきの多い体験であった。本書では、身体のもつ志向性が人とのかかわりの基盤を形成しているのではないかという気づきを端緒にして、ノエシス的行為者としての身体の存在の重要性について述べてきたが、子どもは、私にとってまさに身体そのものとして生きている存在であるように見えた。言い換えれば、大人とのかかわりの上では背景化されてしまっている「つながり」を、子どもとのかかわりにおいては常に考えさせられることとなった。

スターンは、〝言語は、対人間で同時に起こる二つの体験形式、すなわち、生の体験と、言語で表象される体験の間にくさびを打ち込みます〟と述べている。(1) このような性質をもつ言語をまだ十分に巧みに操れない子どもは、その身体によって豊かに感じられたままの、言語で象られる以前の〝生の体験〟のさなかで他者とかかわっているようであった。そのような子どもの存在様式は、〝生の体験〟を〝言語で表象される体験〟に象り、言語的な次元で「把握」したり「解釈」したりする私たち大人とはまったく異なるものであったと言える。

子どもと共に過ごしていると、同じように自らの身体をもって生きる人間でありながら、その身体の働きがまったく異なることに気づかされる。子どもたちは、どの瞬間もその身体によって世界を感じ取り、その身体によって世界へかかわる、生きた身体として在ることをひしひしと感じさせられ、一方で大人としての自らの鈍麻した身体のあり方に気づかされたのであった。

本田は〝異文化としての子ども〟と表現しているが(2)、世界・他者へのかかわり方が異なる子どもに、意識の塊と化したような大人の身体のあり方で現前しても、子どもと「つながる」ことなど、到底不可能であった。この意味で、子どもとのかかわりは、他者とのかかわりにおける身体の働きということに対して非常に示唆深いものとなった。

子どもという存在について、鯨岡は、〝子どもたちは、われわれおとなにとって自明なおとな性を問う存在であり、われわれのうちに住み着いて不可視となった超越論的機能をその「成立以前に遡って」証示してくれる存在〟であると述べている(3)。また、矢野も〝子どもについての問いは、それを問う大人自身へもどってくる〟と言う(4)。これに鑑みると、子どもという存在と向き合いながら他者と「つながる」という問題を考えていくことを通して、私たち大人が自明の如く「他者理解=何かの一致」としている認識も問い直すことができると考えられる。

また、メルロポンティは、私たちの世界の把握の仕方について、〝科学的知識が「具体的」経験にとってかわって〃しまっており、〃われわれが見ること、聞くこと、一般に、感覚することをきれいにわすれさってしまって、われわれの身体組織や物理学者が考えるような世界からわれわれの見たり聞いたり感覚しなければならないものを演繹している〃と批判し、これに対して、自らが身体をもって生きた体験への回帰を主張している。(5)

子どもはまさにメルロポンティがわれわれが忘れ去ってしまっていると指摘している感覚に基づいた具体的経験そのものを生き、身体で見て身体で聞いて身体で感覚したそのままの〃生の体験〃のさなかで他者とかかわっている存在であった。彼らの、その具体的経験の中に、他者とのかかわりをすべて「他者理解」という言葉に還元してしまうような見方によって覆い隠されていた他者と「共にある」というあり方――「つながり」――の実相が見えてくるのではないだろうか。

以上の考えから、第Ⅲ部では、第一の事例においてまず子どもの体験世界を描き出すことによって、目には見えない「つながり」というものの根源的成立契機に迫り、他者と「つながる」ことの基盤がいかなることなのかについて考察する(第6章)。次に、第二の事例では、世界とのつながり方に「硬さ」を感じさせられ、かかわりの実感がなかなか得られずにいた「気になる子」とのかかわりから、「あいだ」がいかに生きられるときに、相手に寄り添うことができ「つながり」が生じ得るのかについて考察する(第7章)。

そして、第一、第二の事例から明らかにした「つながり」の形成を支える諸条件を踏まえ、第三の事例では、既存の「親―子」の関係性を乗り越えて、一人の人間としての父と「つながり」直すことが必要となった父との闘病生活について考察する(第8章)。

第6章　身体を介した世界や他者との「交わり」
――保育の場における子どもとのかかわりから

第1節　他者との「つながり」以前の世界との「交わり」への気づき

かかわりの「感触」

私は、約五年間民間の保育園の土曜異年齢保育へ関与観察に出かけ、子どもとかかわってきた。先に述べたように子どもたちは皆、大人である私より身体そのもので感じる感受性がはるかに豊かであったが、その中でも特に私が抱えていた「つながり」に関する問いに対して、いろいろな気づきを与えてくれたSちゃん（本エピソード当時、四歳八ヶ月）という女の子がいた。

私たちは、「つながり」と言うと自明のことのようにそれを人と人との絆として捉えている。しかし、このSちゃんとのかかわりを通して、私は人と人との「つながり」以前にそれを支えている世界との「交わり」に気づかされることとなった。

「つながり」という言葉は、何かと何かを結ぶ線状のものをイメージさせる。そのため、その「つながり」を形容する言葉として「強い―弱い」や「濃い―薄い」といった言葉が選ばれることが多い。

しかし、Sちゃんとのかかわりの中で、私に感じられる「つながり」はそうした線状のものではなかった。

Sちゃんだけでなく、子どもとのかかわりでは、私は「柔らかい」とか「硬い」といった「感触」を得ることが多かったのである。言うまでもなく「感触」とは何かに触れた感じのことを指すが、ここで言う「感触」は、相手の人が世界に向かうある独特の仕方に触れることによって、こちらの身体にもたらされるある感じのことを指す。言い換えれば、「柔らかい」とか「硬い」といったことは単なる対象物の属性（もの）ではなく、相手の世界への向かい方とこちらの世界への向かい方とが何らかの形で響き合うこと（あるいは響き合わないこと）によって成立する事態（こと）であると言える。

その子がどんなふうに世界と交わり、世界の中で（世界に対して）行為しているのか。そのことが、その子どもと私のあいだに何らかの「感触」をもたらす。そうした「感触」をもたらすその子特有の世界との「交わり」のありようが、その子との「つながり」を考える上でも重要な意味を持っていた。

一体それはどういうことか。以下では、しばしば「柔らかな感じ」をもたらしてきたSちゃんとの特に印象に残ったエピソードを考察することによって、これを明らかにする。

第2節　事　例

1　Sちゃんについて

Sちゃんは、エピソードの当時四歳八ヶ月の女の子である。年長組に通うEちゃんの妹で、私が関与観察を継続している土曜異年齢保育においても二人は仲良く遊び、姉が休むとSちゃんが元気が出ないなど、仲の良い姉妹である。この二人の姉妹は、いつも私の関与観察日である土曜日を待っていてくれ、観察に入った当初（Sちゃん二歳、Eちゃん四歳）の頃から私と保育園で一緒の時間を過ごすことが多かった。

Sちゃんは保育室でビデオを見るときや午睡から起きてきたときは、私の膝の上が定位置で、しばらくそこで過ごしてから絵本や積み木に移行していくことが多かった。外遊びも大好きで、苦手な子が多いダンゴ虫を器にたくさん集めては、「ダンゴ虫の毛布を探す！」と言って落ち葉を探したり、蟻の行列を発見しては、「ありんこの散歩」と言って蟻の巣に入っていくところを食い入るように観察したりするなど、自然と戯れて遊ぶことも多い。

砂場で作った砂団子を、園庭の小さなお釈迦様の像に丁寧にお供えし、その傍らに綺麗な色のお花をセッティングしようとして園庭で落ちているお花を探すなど、「こうしたい！」という思いが生き生きと他者にも見えてくるように遊ぶ女の子であった。

お姉さんであるEちゃんは、Sちゃんと遊んでいて思いがぶつかってしまうとき、しょうがないなあ、という感じで自らの思いをぐっと飲み込み、Sちゃんの思いを優先してあげることが多い。その一方でSちゃんからは、Eちゃんや私を含め周囲の人間に自らを受け止めてもらえていることの安心感が全体として感じられる。そうした安心感の中にあって、友達との関係においてもいつも自分の思いを臆することなく素直に表現できる子どもであるが、この頃のSちゃんは、その半面、自らの思い通りにならないことに直面したときには、うまく自分の思いを調整することができず、つい手が出てしまって友達に痛い思いをさせてしまうことがたびたびあった。

保育者たちの間では、自己の調整がうまくいかない面もあるが、基本的には、自己をありのままに押し出すことのできるSちゃんのありようは、おおむねこの時期に望ましい子どもの姿として受け止められていた。

2　エピソード

最初に提示するのは、Sちゃんと私を「柔らかな感じ」が包んだエピソードである。

❖エピソード1　「さようなら」の遊び（七月九日）

〈背景〉

土曜異年齢保育も終わりの時間となり、次々とそれぞれの家族が子どもたちを迎えにきていた。Sちゃんと私は砂場で遊んでいた。Sちゃんもいつものようにお父さんが迎えにきたため、帰らなければならなかったのだが、まだ一緒に遊んでいたかったSちゃんはお父さんの、「S〜、帰るぞ〜」の言葉かけにも、無反応で楽しそうに遊びつづけていた。

「帰るぞ〜」の声かけをしながら、テラスで、保育園から持ち帰る布団を先生から受け取ったりなど帰る準備をしていたお父さんが、いよいよ本気で「S〜、帰るぞ〜！」とSちゃんに呼びかけたので、私も、「Sちゃん、お父さん待ってるからもうそろそろ帰らなきゃね。来週また一緒に遊ぼうよ」と話しかけた。それでもなかなか立ち上がらないSちゃん。さっきまで一緒に真剣に山を作ったり掘ったりしていたので、帰らねばならないことはわかっていながらも急には切り上げられないのだろう、まだ、ここにいたいという感じでスコップを握ったままぺたぺたと砂山をたたいたりしている。

そばにいる保育者のT先生と私は、「しょうがないなあ」といった感じで苦笑いをする。お父さんが砂場までやってきて、私に挨拶をしてから「S、もう帰るぞ」と声をかける。私ももう一度、「Sちゃん、来週続きしよう、もっと大きいのもう一回作ろう！」となんとかきりがつけられるように言うと、ようやく「うん！　絶対ね！」と言って立ち上がった。頭では、帰らなければならないことはわかっているようである。

真剣な「絶対ね！」の口調に、私も、「うん、約束ね、じゃあ、Sちゃん、また来週ね」としっかりと答えてさようならをする。そして、Sちゃんはいつものようにそばにいる保育者の先生のところにも、さようならの挨拶に行った。

するとそこからまた小走りで私のところへ戻ってきて、「まきお姉さん（私のこと）、ばいばい」と笑顔で言うので、可愛いなあと思いつつ「うん、ばいばい」と顔を見て答えると、Sちゃんは、くるりと背を向けてお父さんの待つ門に向かって走って行った。私は、砂場に座ったままその後ろ姿を見送っていたのだが、なんとSちゃんは少し行ったところでまた振り返り、楽しそうに私の方へ少し走って戻ってきて立ち止まり、そこから私に、「ばいばーい！」と声をかけたのである。
　私も、なかなか帰れないSちゃんに可笑しくなり、笑いながら「ばいばーい！」と大きく手を振ると、またSちゃんは、門の方に少し走っていく。すると、また振り返って、笑って見送っている私を見て、また少し戻ってきて、「ばいばーい！」と叫ぶ。このやりとりを三回くらい繰り返しながら私と距離が離れて行き、最終的に、門のところで、「ばいばーい」と満面の笑みで大きく叫び、私も「Sちゃん、ばいばーい！」と大きく答えると、ようやく帰って行った。

〈考察〉

一つの遊びとなった「さようなら」

　Sちゃんのお父さんの「S～、帰るぞ～」は、私もすでに聞き慣れていたほど、Sちゃんはお迎えのときなかなかすぐに遊びを切り上げることができず、しばらく遊び続けることが多かった。いつもお父さんの最後の「S帰るぞ！」で切り上げざるを得なくなって、否応なしに帰ることになっていたのだが、この日のSちゃんとのこのお別れの出来事は、「さようなら」が一つの遊びとなり、最後のSちゃんの満面の笑みを見て、私としても滑らかに「さようなら」をすることができた、という実感が得られるものであった。
　また何よりも、先生にさようならの挨拶をした後、私のところへ戻ってきたSちゃんに、この日二人でじっくり遊んだことをあらためて実感させられ、私たち二人の「つながり」が意識化された。これは、単純に「また遊ぼうね」という気持ちの共有としての「つながり」ではない。私たちのあいだには、充実して遊んだその日の特有の空気感が充満していた。その上で始まった「さようなら」の遊びは、この日Sちゃんと楽しく過ごした時間の余韻といったものを私の中に残す印象的な出来事となった。

そもそも、「さようなら」は、たとえ次また会える機会があったとしても、一つの別れの局面である。つまり、今まで目の前に一緒にいた人がいなくなるという意味で、表面的には「いまここ」まで共にしていた「つながり」が断ち切られることとも言える。「名残惜しい」という言葉があるように、大人であっても、「いまここ」をいったん断つことは、必ずしも簡単だと言い切れることではない。それは、「いまここ」まで、一緒に楽しい時間を過ごした他者であればなおさらである。

たとえば、楽しい時間を過ごした後、改札でお別れの挨拶をして踵を返すときなど、大人であっても複雑な気持ちになるときはあるだろう。そのようなとき、体は「いまここ」から離れ、視界からその他者が消えることになるけれども、心の内ではどことなく「さようなら」しきれない、という心地に陥っている。しかし、このときのSちゃんは、そうした「さようなら」による体と心のちぐはぐな不一致を上手に埋めるようなやり方で、「さようなら」自体を遊びにしてしまっていた。

この日、私たちは、保育室でも園庭でもずっと一緒に遊び、最後の砂場遊びは、Sちゃんが特に砂場が好きということもあって、二人でしばらく遊び込んでいた。そのため最初はいつものように「まだ一緒に遊んでいたい」という思いから、すぐに立ち上がれなかったのだろう。しかし、この「さようなら」の遊びをしたことで、結果的にとても滑らかに私とのお別れをしていったように感じられた。

「柔らかな感じ」に包まれたSちゃんと私

私にとってもこの日のSちゃんとのお別れは、「まだ遊びたかったのに」という雰囲気をたたえたSちゃんの後ろ姿を見送っているときに抱かされる、いつもの突然の断絶感と異なり、すっきりとした心地にさせてくれるものだった。「ばいばーい！」と挨拶をしては少しずつ距離を取っていくというお別れの仕方によって、Sちゃんとのあいだにあった「つながり」を突然断ち切ることなく、「そっと」お別れができたというような感触が残った。

「さようなら」を遊びにするこのお別れの仕方は、大人ではなかなかできない「さようなら」の仕方である。大人は、いくら名残惜しくても意識が勝り、分別をつけて行動してしまう。一方、Sちゃんは後ろ髪引かれるような身体の感覚に非常に正直に、私の方に戻ってきては（引かれてきては）離れていくといった行動をし、その行動によって生じる身体の感覚の変化（私とお別れしても大丈夫なような感じの高まり）に沿って徐々に「さようなら」をしていった。心で感じていることに分別で収まりをつけて無理に体を動かす大人と違い、このときのSちゃんにおいては言わば心と体がぴったり一致していた。

一方で、私の方も「お父さんが待っているから」などと言って無下に帰すのではなく、二人でその日ずっと一緒にいたことで創り出された充実した「つながり」を味わいながら、それが簡単には切れないことをSちゃんと共に確認しつつ「ばいばい」を返していた。そのときに生じていた「柔らかな感じ」――Sちゃんと私を優しく包みこみ、お別れに伴われる断絶感を和らげてくれるような感じ――は、いったい何によるものだったのだろうか。

それはおそらく、後ろ髪引かれるような身体感覚に正直に振る舞うSちゃんの世界との交わり方と、同じような身体感覚を生き、それに正直に振る舞っていた私（と言っても、この場面ではSちゃんの動きに合わせて自然と「ばいばい」を返しているだけで良かったのだが）の世界との交わり方がどこかで響き合い、交流していたからではないだろうか。これは単に「名残惜しい感じ」「後ろ髪引かれるような感じ」といったノエマ的な感情を二人が共有していたということではない。大人同士の「さようなら」のように、たとえ二人がそうした感情を共有していたとしても、両者が分別によって無理やりその感情を抑えつけて行動してしまうのだとしたら、そこに「柔らかな感じ」は生じないだろう。単にノエマ的な感情を共有するだけではなく、自らの身体感覚に正直に振る舞うといったノエシス的な側面での響き合い、交流が必要なのである。

メタノエシス的つながり

木村のノエマ―ノエシス円環構造としての主体理論（第2章の図1参照）で言えば、この場面ではSちゃんと私が共に一つのメタノエシス的歯車の中にいたということになろう。つまり、内的なノエマ的感情に基づいてノエシス的行為を繰り出し、その行為によって新たなノエマ的感情が生み出されていくというSちゃんの側のノエマ―ノエシス円環と、私の側のそれとが響き合い、交流し合っていたということ。これが、二者のあいだに独特の「柔らかな感じ」が生じていた原因だと考えられるのである。

このことは、子どもと私の直接的な「つながり」を云々する以前に、子どもが世界とどう交わっているか、そしてその傍らで私がどのような仕方で世界と交わっているかということこそ問題であるということを示唆する。人と人との「つながり」以前に、それを支える水準——各々の行為主体が世界と織りなしているノエマ―ノエシス円環が響き合い、交流するか否かという水準——があるのである。そこで問題になるのは、「あなた」と「私」の内側にあるノエマ的な何かが一致するかどうか（「分かる」か否か）ということではなく、「あなた」と「私」がそれぞれある仕方で世界——当然、「あなた」の世界には「私」が含まれ、「私」の世界には「あなた」が含まれてもいるのだが——と交わっているときに、その交わり方そのものが響き合い、交流するかどうか、それによって「あなた」と「私」のあいだにある共通の地平が生じるかどうか、そしてその共通基盤の上で相手の行為が自らにとって自然なものとして感じられるかどうかということである。このように両者のノエマ—ノエシス円環が響き合い、交流することによって生まれる共通地平としての「つながり」を、以下では〈メタノエシス的つながり〉と呼ぶことにする。

〈身体—交流的態勢〉

〈メタノエシス的つながり〉が成立しているとき、二つの主体は必ずしも相手のことを「分かる」ために注意を集中させているわけではない。むしろ、そうした構えの下では、「私の世界（の中のあなた）」が肥大化して、通常通りの自然な行為ができなくなり、「あなた」の側のノエマ—ノエシス円環と「私」の側のそれとが響き合うということは難しくなるように思う。相手という対象を分かろうとしてその対象を凝視したり、さまざまな推測や思考を働かせているようなありようでは、「メタノエシス的つながり」は生じない。むしろ、それが生じるのは、世界や「あなた」によってこの身体にもたらされる「感じ」に対する感受性が豊かで、それに正直に振る舞うようなときであると考えられる（他者のノエマ—ノエシス円環との交流に開かれた主体のこのような態勢を、以下では、〈身体—交流的態勢〉と呼ぶことにする）。言い換えれば、それが成立しているときの各主体のありようとは、序章で挙げた主客の区分のない〝生命の海〟[1]のイメージとリンクするような、何かを対象化するという構えのないもの、どちらが主でどちらが客ということもなく「つながりの網」によって有機体同士でつながっているようなありようである。

序章では「母が祖母に歌う子守唄」のエピソードや父との闘病生活を経て、私が「分かる」か否かといったこと以前の「つながり」へ目を見開かされたことを述べたが、保育園での子どもたちとのかかわりはその数年後である。Sちゃんとのかかわりによって、私は当時のその気づきをあらためて思い起こすと同時に、単なる人と人との絆ではない〈メタノエシス的つながり〉という新たな着想を得ることになったのである。

＊

Sちゃんとかかわる中で、上記のエピソードに類した「柔らかな感じ」は、その他の遊びの場面でも体験されることがあった。この頃のSちゃんは、自分の思いを押し通したいために、うまく自分の思いが通らないと手が出てしまうということがしばしばみられ、周囲の友達の存在がSちゃんにとってどのように捉えられているのだろうかと考えさせられることもあった。次に挙げるエピソードは、そのようなときに出合った出来事である。

◈エピソード2　「お友達と一緒のとこ」（八月二七日）

〈背景〉

この日も外遊びの時間、Sちゃん、Eちゃん姉妹が大好きな砂場遊びを一緒にしていた。丸いコップに湿った砂を詰め、それをひっくり返した「プリン」を作っていたEちゃんが、その「プリン」に添える飾りつけの花びらを探しに行こうと、隣にある盛り土の花壇に私を誘った。私とEちゃんが、連れ立って落ちている花びらを探しに行こうと、Sちゃんに対し「Sちゃん、ちょっとお花探してくるね」と声をかけると、隣で白いさらさらの砂を大切そうに集めていたSちゃんも、「Sちゃんも行く！」と置いて行かれまいとばかりに言って立ち上がり、後を追ってきたので三人で落ちている花びらを探し始めた。

この日は、三人で目を凝らして地面を探し歩いても、Eちゃんのお気に召すような黄色や紫色をした鮮やかな色の小さな花びらがなかなか見つからない。私もどこか残念に思いながら、「ないねえ、ないねえ」と言い合い、三人で腰をかがめてじっくりと探して歩く。そうして探していると、クローバーが密集して生えているところに気がついた。

私は思わず、「あ、たくさんクローバーがあるねえ！　四つ葉のクローバーはあるかなあ？」と言ってのぞき込むと、Sちゃんはその私の問いかけに俄然興味が引かれた様子で、「これ、四つ葉？」と弾んだ声で一つのクローバーの葉っぱを指差して尋ねた。Eちゃんがそれを覗き込んで、「違うよ」とさらりと答える。

すると、Sちゃんはそのクローバーを突然、グイっと引っ張ってちぎってしまったのだ。その瞬間、「あっ!!」と私とEちゃんが同時に声を発していた。Sちゃんは、興味をもったことをとりあえずすぐにやってみたいようだ。四つ葉でなかったから抜いたというよりも、単純にぶちっとちぎってみたかった様子である。

Eちゃんと一緒に一瞬固まってしまった私であったが、「あーあ、Sちゃん、痛かったよ、クローバー…」と言うと、Sちゃんの手からAちゃんがそのクローバーを取り、「戻しておいてあげよ」と言って花壇の土にそっとおいてあげた。私は、その言葉に、Eちゃんの優しさをあらためて感じていた。すると、そのEちゃんを見ていたSちゃんも、「お友達といっしょのとこ」と言って、Eちゃんが土の上に置いたその小さなクローバーの葉っぱを、もともとそれがさっきまで生えていたクローバーの群生の中にまたそっと戻してあげたのだ。思いもかけないSちゃんの発想に私は思わず、「お友達かあ…、そうだね、Sちゃん、戻しておいてあげよう」と答え、微笑ましくSちゃんを見つめた。

〈考察〉

Sちゃんに生きられていた体験世界

この頃、他者との関係において自らの思いがすんなり通らない場面に遭遇すると、つい手が出てしまうことが多いため、私は、Sちゃんにとって他者はどのように捉えられているのだろうと思いながらSちゃんにかかわっていたのだが、そうした中でこの出来事に遭遇し、Sちゃんの内にも「お友達」と言語化されてくるような周囲の子どもたちとの関係のもち方が静かに育まれていることに気づかされた。

はじめ、好奇心のままにぶちっとちぎってしまったSちゃんの姿を見て、「あーあ、Sちゃん、痛かったよ、クローバー…」という言葉が口をついて出てきてしまったように、私は、乱暴にちぎってしまうSちゃんの行為に、友達に手が出てしまうことの多いこの頃のSちゃんの姿に通じるものを感じていた。しかし、Sちゃんは私が発した「あーあ、Sちゃん、痛かったよ、クローバー…」という残念そうな言葉をきっかけにして、群生から一葉のみぽつんと離れて別なところに置かれてしまうクローバーを前に、「お友達から離れたところに一人でいる寂しさ」を感じとったのだろう、それを元の群生に戻してあげるという、直前の行動とは対照的な行動に出たのだった。

他方、私にとっても、Sちゃんがそう表現したことによって、クローバーの群生が突如生き生きと「お友達」として立ち現われてきた。そして、Sちゃんにとって、クローバーの群生や一葉が「お友達と一緒にいることの安心感」や「一人でいることの心細さ」を強く感じさせるものとして体験されていることが染み入ってくるように伝わってきて、「そうだね、Sちゃん、戻しておいてあげよう」という言葉が自然と出てきたのである。Sちゃんに生きられている体験世界が目の前に広がったようで、Sちゃんの行動が私にとっても非常に自然なものとして映るとともに、エピソード1と同様に、何とも言えない「柔らかな感じ」がその場を包んだような気がした。

世界との〈癒合的交わり〉と〈客観的交わり〉

ウェルナーは、子どもは世界を相貌的に知覚すると述べている。[2] これは、事物が相貌を纏っているかのように、そこに表情性を捉えてしまうという知覚のあり方であり、群生のクローバーに「お友達」の表情を捉えたSちゃんの知覚は、まさにこれにあたる。この相貌的知覚が生じる基盤は、主体と世界との癒合的関係——主体と客体がまだ明確に分化しておらず、世界のありようが主体のありようとなり、主体のありようが世界に映し出されるような関係——にあるとされる。[2] 以下では、主体が豊かな表情性をもつものとして世界を知覚し、その表情性に導かれるように行為していくといった態勢にあるとき、それを世界との〈癒合的交わり〉と呼ぶことにしたい。Sちゃんが世界との〈癒合的交わり〉の態勢へと移行したことによって、一葉のみちぎられたクローバーにSちゃん自身が重なり、一人ポツンと取り残されたような気分が生じるとともに、そのクローバーが寂しげな表情をもつものとして直接的に捉えられてきたのである。

ちなみに、ウェルナーの言う相貌的知覚自体は、私がぶちっとクローバーをちぎるSちゃんを見て、「あーあ、Sちゃん、痛かったよ、クローバー…」と思わず発してしまったように、大人であっても生じるものである。(3) 実際、Sちゃんの相貌的知覚を促した一つの要因は、私の相貌的知覚に基づく言葉かけであった。しかし、だからと言って大人が日常的に世界との〈癒合的交わり〉に埋没して生きているかと言えば、違うであろう。大人になってしまうと、たとえ相貌的知覚をしたとしてもその傍らにはいつも「客観的な知覚」――クローバーを単なる植物として捉え、その生命は人間の生命に比べればやはり随分軽いものとしてみなすような知覚――があり、対象化された客観的な世界と自己の主観とを独立のものとみなして振る舞うという世界に対する別種の交わり方――これを〈客観的交わり〉と呼ぶことにする――が基本になっている。

Sちゃんによって活性化された〈癒合的交わり〉

実際、「クローバーが痛かったよ」と言いつつ、私は必ずしもクローバーの痛みそのものに深く心を痛めていたわけではなく、むしろそのように生あるものを自己の欲求のためにいとも簡単にちぎってしまうようなSちゃんのあり方に心を痛め、友達に手を出してしまう当時のSちゃんの姿と同じものをそこに感じつつ、言わば「教育的配慮」からそのような声かけをしたという側面があった。そのような配慮は、Sちゃんのこれまでの育ちの過程を踏まえつつ、「もっとこんな姿になってほしい」という願いを伝えようとするある種の冷静なまなざし――子どもであるSちゃんと大人である私とをどこかで区別しているような〈客観的交わり〉――の下でこそ生まれてくる。子どもとかかわる保育者（私）は、〈癒合的交わり〉に埋没しきっているわけではなく、それと〈客観的交わり〉との混合態を生きざるを得ないのだと言える。

そのような意味で、私の相貌的知覚はその純度や深みにおいて、ある程度の水準に留まっていたのだろう。ところが、Sちゃんは私が留まっていたその水準をいとも簡単に乗り越え、世界との非常に濃密な〈癒合的交わり〉へと即座に入り込んだように見えた。私には群生のクローバーを「お友達」と捉えることなどは思いもつかないことであったが、Sちゃんはまさに取り残された一葉のクローバーに成りきって、私以上に情感豊かな世界を生き始め、今度は逆に私を一段深い相貌的知覚へと誘ってくれたのである。ここには、私の態勢の一部に含まれていた世界との〈癒合的交わり〉の成分にSちゃんの身体が感応し、Sちゃんが世界との〈癒合的交わり〉に一気に引き込まれると同時に、Sちゃんの〈癒合的交わり〉の深さに触発されて、私自身の〈癒合的交わり〉もさらに活性化していったという流れがあったと考えられる。〈メタノエシス的つながり〉とは、このように両者の世界との交わり方が響き合い、交流し合う事態を言う。

〈メタノエシス的つながり〉の成立とその前提条件

注意しておきたいのは、Sちゃんと私双方の世界との交わりが響き合い、交流し合うと言っても、必ずしも両者の世界との交わり方が全部ぴったり一致する必要はないということである。たとえば、Sちゃんの〈癒合的交わり〉に触発されたとは言え、私がSちゃんと同様の〈癒合的交わり〉への）埋没状態になったかと言えば、それは違うだろう。一段深い相貌的知覚へと誘われつつ、私は同時に、私の言葉かけを手掛かりにして即座にそのような世界の捉え方に開かれることのできるSちゃんのありように感銘を受けてもいた。このような感銘は、先の教育的配慮と同様、やはりどこかにSちゃんという子を自分とは異なる存在として見るような冷静なまなざしがあるからこそ生じるのだと考えられる。そういう意味で、私の態勢の相当程度は、やはり世界との〈客観的交わり〉が占めていたと言えるだろう。〈メタノエシス的つながり〉の成立のために必要なのは、両者の世界との交わり方が、その一部においてであっても響き合い、交流すること、その前提条件として相手の世界との交わり方に素直に身体を開いていこうとするような〈身体―交流的態勢〉に両者があることであり、必ずしも世界との交わり方の全体が同一になることではないのだと考えられる。

いずれにせよ、このように〈メタノエシス的つながり〉が生起してくることによって、その場にいる者それぞれの行為がお互いにとって自然なものとして感じられるようになる。あるいは、お互いに同じものを見、同じものを感じ、同じものを生きているという感覚、直前の断絶（Sちゃんの行為への驚き）を柔らかく包み込むような「柔らかな感じ」が生じてくる。Sちゃんに生きられている世界が私自身にも開かれてくるこの体験は、エピソード1と同様、他者と「共にある」というあり方――「つながり」――を考える上でも意義深いものとなった。「つながり」が人と人との絆を表すものと思い込んでいた私にとって、むしろSちゃんと私双方が有する世界との交わり方がどのように響き合い、交流するかということこそが重要であるということは、非常に大きな気づきであった。

◆◇エピソード3　ふわふわな気持ち（五月一四日）

〈背景〉

土曜異年齢保育もお迎えの時間が近づき、Sちゃん、Yちゃん（Sちゃんと同じく年中組でSちゃんとは別のクラス）、Mちゃん（年少組）がまだお迎えを待って残っていた。ベテランのT先生は、最後まで残った三人が楽しむことができるように、大勢の子どもたちがいるときには目が行き届きにくいため許可していなかった滑り台遊びの許可を出した。私とT先生は、三人がそれに大喜びしながら順番に勢いよく滑ってくるのを滑り台の脇で補助をし、一緒に楽しんでいた。


　一人三回までとT先生と約束した滑り台を三人はとても三回では済まないような勢いで楽しんでいた。子どもたちが滑り降りてくるたびに脇にいるT先生が変化をつけた遊びを入れていたため、三人とも大はしゃぎの様子で、みんなが帰った後の閑散とした園庭も滑り台を中心に賑やかな空間が生まれていた。しばらくして、Mちゃん、次にYちゃん、と順番にお迎えが来たので帰って行くこととなった。

　一人最後に残ったSちゃんであったが、お母さんと帰るYちゃんに「ばいばーい！」と元気に声をかけた後、もう一度滑るために勢いよく滑り台の階段を上がりながら、「Sちゃんねえ、Yちゃんと仲良しなんだよ！」と声を弾ませて嬉しそうに言う。その言葉に、これまでSちゃんが土曜保育の中でYちゃんと積極的に一緒に遊ぶ姿を見たことのなかった私は少し意外に感じながらも、あまりに嬉しそうなSちゃんに、「そうだねえ、いいねえ」と応じるT先生と一緒にSちゃんを微笑ましく見つめていた。

　すると、続けてSちゃんは、階段を上がりながら「あのねえ、ふわふわ～って…」と私には咄嗟には意味が把握できない言葉を続けた。これを聞いてT先生が助け舟を出すように、ごく自然に「ふわふわな気持ちになるの？」と聞くと、Sちゃんは、「うん、そう！　ふわふわ！」と元気よく答えて嬉しそうに滑り台から滑り降りた。


〈考察〉

この出来事もまた、「思い通りにならないと、手が出てしまいやすい」という一面とはまた違った、

Sちゃんの体験世界を感じさせられるものであった。同時に、「ふわふわ～」という言葉になり切らないSちゃんの思いを見事に受け止めるT先生の返答に驚かされ、Sちゃんの言葉の意味が咄嗟にわからなかった我が身を省みることになった。

Yちゃんを見送った後、勢いよく階段を上がりながら「Sちゃんねえ、Yちゃんと仲良しなんだよ！」と声を弾ませて言うSちゃんからは、自分はYちゃんと仲良しなのだということへの嬉しさが身体いっぱいに溢れていた。普段の土曜異年齢保育において、二人のかかわりをそんなに目にしたことがなかったため、私は一瞬その言葉を意外に感じたが、逆に言えば普段じっくり遊ぶ仲ではないからこそ込み上げてきた嬉しさだったのかもしれない。同じ土曜異年齢保育の仲間ではあってもこれまで特別親しくかかわることのなかったYちゃんと、この日最後に残った者同士として新しく仲良くなれたのだ、ということで満たされた気持ちが伝わってきたのである。

「ふわふわ」の意味が分からなかった私

ほとんどの園児が保護者のお迎えによって帰っていくと、砂場にシートがかけられ三輪車やままごと用の遊具などは片づけられていく。園児の数も減った上に、多種の遊具も整理される園には、「遊ぶ」ことよりもお迎えを「待つ」ことに比重がかかる時間が流れ始める。このときもそうした時間帯であった。しかし、保育園に最後まで残った者たちだけに滑り台を「特別」に許可するというベテランのT先生の保育は、「待つ」時間をそのまま「待つ」時間としてしまわず、特別感満載の時間に変えるものであった。こうした中で、お迎えを待つ最後の三人は、お迎えを「待っている」ということを忘れるほど、滑り台に夢中で特別な楽しい時間を共有していた。

そうした中でSちゃんは、「Sちゃんねえ、Yちゃんと仲良しなんだよ！」に続けて、「あのねえ、ふわふわ〜って…」と言ったのだが、私には、それが何を意味しているのかが即座に分からなかった。しかし、このSちゃんの言葉にT先生はごく自然に、「ふわふわな気持ちになるの？」と応じたのである。そして、それに対して、Sちゃんが「うん、そう！　ふわふわ！」と嬉しそうに答えて勢いよく滑り台を滑り降りたとき、私は何か胸にずしんと来るものを感じて思わずその場で一人小さく「すごいなあ…」と呟いてしまった。

それは、Yちゃんと仲良しで嬉しいという気持ちが、Sちゃんにおいて「ふわふわ〜」という身体感覚として生きられ、それがそのまま表現されたことへの感動と、そのSちゃんの表現に対して、そのことをまるで手に取るように分かっているかのように、そういう気持ちになるのね、と事もなげに応じたT先生への感動であった。T先生の応答に、「うん、そう！　ふわふわ！」と言って、勢いよく滑り降りるSちゃんからは、自分の中にあるうまく言葉になり切らない内的感覚をT先生に「ふわふわな気持ちになるの？」と言葉で象ってもらったことで、その思いを自ら確認できたことがとても嬉しいということがありありと伝わってきた。

子どもたちと同様の身体感覚を生きていたT先生

実際、「うん、そう！」と言ってSちゃんが嬉しそうに滑り降りるありようは、「ふわふわ〜」という彼女の表現によく合っており、滑り台をふわっと舞い降りる身体感覚もまた「ふわふわ〜って…」と言う言葉になり切らない表現を導いたのではないかと思わせた。言わば最後に残った者同士、特別な時間を過ごしているSちゃんとYちゃんの双方において、さらには二人のあいだで、嬉しいというノエマ的感情と、その嬉しさに突き動かされるように滑り出すというノエシス的行為とが循環し、増幅し合っており、あたかも空気を一杯に吹き込まれた風船が「ふわ～」と舞い上がっていくように、嬉しい気持ちで膨らんだ二人が「ふわ～」と滑り台を滑っていくということが繰り返されていたのではないか。おそらくSちゃんの言葉は、そうした事態を丸ごと表現するためのものだったのだと思う。

それと同時に、SちゃんとYちゃんだけでなく、T先生もまた、彼女たちと同じような「ふわふわ～」という身体感覚に浸されていたのだろう。もちろん、嬉しくたまらない気持ちを抑え切れず、夢中になって滑り台を滑っている二人の子どもたちの態勢と、安全面等にも配慮しつつ、子ども同士の気持ちの交流を喜ばしく思いながらその光景を眺めている保育者の態勢とはまったく同じものではない。しかし、内面で感じられる情緒や力動感がそのまま世界の表情として立ち現われてくるような世界との〈癒合的交わり〉が、T先生の態勢の一部に確かに含まれており、二人の子どもたちがそこに浸り込んでいる〈癒合的交わり〉とT先生のそれとが響き合っていたがゆえに、子どもたちと同様の身体感覚がT先生の中に生じるとともに、Sちゃんの発話が非常に自然に理解されることになったのだと思われる。つまりは、SちゃんとYちゃん、T先生三者のノエマ－ノエシス円環が同じ一つのメタノエシス的歯車の中で絡み合うという事態（メタノエシス的つながり）が生じていたのだと考えられる。

一方、この場面において、私自身はその「メタノエシス的つながり」からはやや外れた位置にいたのかもしれない。少なくともSちゃんの言葉を聞くまでは、私の中に「ふわふわ～」と表現され得るような身体感覚は（今思い起こせばまったくなかったわけではないけれど）強くなかったし、実際Sちゃんの言葉の意味をすっと理解することはできなかったのである。そういった意味で、私はすぐには三人と共通の地平に立つことができなかったわけだが、それゆえにかえって三人のあいだの「メタノエシス的つながり」が眼前で展開されているのを強く意識することになったと言えるかもしれない。エピソード1、2とは私の立ち位置が違うが、やはり人と人との「つながり」を支える根本的条件としての世界との交わりの存在や、その響き合いに目を向けることの必要性を示唆するエピソードであった。

第3節　事例のまとめ

以上、前節では、人と人との「つながり」ということ以前に、主体が世界といかに交わっているかに目を向けることの重要性に気づかせてくれたSちゃんについて、三つのエピソードを提示してきた。本節では、これらのエピソードから見えてきた、①他者との「つながり」の基盤としての世界との交わり、②他者の世界との交わり方に「同乗する」こと、という二点について考察していく。

1　他者との「つながり」の基盤としての世界との交わり

まずは主体がどう世界と交わっているか

第1節でも述べたように、私たちにとって、「つながり」と言えば暗黙のうちに、他者との「つながり」を意味することが多い。しかし、三つのエピソードから、人と人との「つながり」以前に、主体が世界とどのように交わっているのかということこそがまず重要だということが見えてきた。

Sちゃんの世界との交わりは、世界の事物を対象化し、それを言語によって把握するというよりは、むしろ身体の〝志向的な糸〟(4)によって世界を感受し、その感受された世界に対して直接的に行為によって応答していくというもの、あるいは世界の豊かな表情性を知覚しつつ、その表情性が持つ誘因力に導かれるように行為していくといったものであった。先にそうしたあり方を世界との〈癒合的交わり〉と呼んだわけだが、そうしたSちゃんの世界との交わり方に周囲の人間が同調できるかどうかが、私がSちゃんと「つながる」上でも、あるいはSちゃん、Yちゃん、T先生が「つながる」上でも、重要な意味を持っていたのだと言える。

たとえば、エピソード1では、後ろ髪引かれるような身体感覚に正直に、少しずつ「さようなら」をしていくSちゃんのノエマ的感情とノエシス的行為の円環に、私もまた同調したことによって、両者のあいだに「柔らかな感じ」が成立していた。またエピソード2では、Sちゃんが私やEちゃんに誘われて「クローバーの痛み」を相貌的に知覚する一方で、クローバーの群生を「お友達」と捉えるような深い〈癒合的交わり〉へと移行したSちゃんに今度は私やEちゃんが誘われていくという形で、三人のあいだに「柔らかな感じ」が生じていた。恐らく、この「柔らかな感じ」の体験が蓄積されていくことで、人と人との「つながり」の実感が徐々に深まっていくのだと考えられる。さらに、エピソード3では、SちゃんとYちゃん、T先生の三人は、Sちゃんが「ふわふわ〜」という独特の表現で名指したノエマ―ノエシス円環を共に生きており、それが私に対して三人の「つながり」を強く感じさせたのだと言える。

世界との交わり方が他者のそれと響き合うこと

このように、人と人との「つながり」が成立するためには、まずはその場を共にする者たちそれぞれの世界との交わり方（ノエマ—ノエシス円環）が響き合い、交流し合うことが必要である。もちろん、先にも注意を促しておいたように、この響き合い、交流が生まれるために、必ずしも両者において世界との交わり方がまったく同じになる必要はない。私やT先生がSちゃん特有の世界との交わり方にある水準で共鳴したのが確かだとしても、言わば世界の表情性にどっぷり浸され、そこに埋没しているSちゃんの深く、純度の高い〈癒合的交わり〉とまったく同じ態勢を有していたかと言えば、それは違うであろう。やはり子どもを保育する大人として、安全面や教育面での配慮を働かせたり、Sちゃんの育ちの歴史を俯瞰して「いまここ」の姿を意味づけるような冷静なまなざしを持っている（それは保育者にとって必要である）。すなわち、私たち大人の側の態勢とは言うなれば〈癒合的交わり〉と〈客観的交わり〉の混合態であろう。ただし、大人の側が一定程度有している〈癒合的交わり〉の成分と、Sちゃんの純度の高い〈癒合的交わり〉とが響き合い、交流し合うという事態は生じ得る。そこに両者のノエマ—ノエシス円環の絡み合いが起こり、〈メタノエシス的つながり〉が生まれてくるのだと考えられる。

自他の〈私—世界—他者〉系の響き合い

〈メタノエシス的つながり〉とは、その場にいる者たちにおいて、産出されたノエマ（出来事、感情、行為によって生み出されたあるもの等）が同じ方向性でのノエシス的行為を導いてくるような事態、それと同時にある者のノエシス的行為がその場にいる者たち皆に同じようなノエマ的感情を引き起こすような事態である。こうしたノエマ—ノエシス円環の絡み合いが起こるとき、その場にいる者たちのあいだにある同じ世界体験が生じる（第2章で挙げた理想的な合奏の例を参照のこと）。言わばそこにいる者たちが共通の地平を生きるとでも言うべき事態が生じ、相手の行為が自らの行為の延長線上にしっくりと馴染むような（相手の行為がとても自然なものとして感じられるような）感覚が生じる。比喩的に言えば、〈メタノエシス的つながり〉とは、広い海を漂い生きる「私」が立てる波が、「あなた」の立てる波と触れ合い、混ざり合いながら溶け合って一つの大きな波紋になり、その大きな波の中に「私」と「あなた」が浮遊し始めることである。

序章で用いた「系」という概念との絡みで言えば、〈メタノエシス的つながり〉とは、相手側の〈私―世界―他者〉系とこちら側の〈私―世界―他者〉系が響き合い、交流し合うことだと言える。逆にそのような響き合いや交流が起きなければ、こちら側の系の内部でいくら「私―他者」関係をつなげようとしても、その努力はどこか一方的なもの（身勝手なもの）になってしまうだろう。他者との「つながり」の形成には、まずもってその他者に生きられている世界を「私」もまた生きること、それによって〈メタノエシス的つながり〉が生じることが重要なのである。

2　他者の世界との交わり方に「同乗する」こと

実感のもてる「つながり」

他者の世界との交わり方と「私」のそれとが（まったく同じになるわけではないにせよ）響き合い、交流し合うといったことは、いかにして可能になるのだろうか。結論から言うと、そのためには他者のノエマ―ノエシス円環に対して私のそれを開き、絡ませていくような〈身体―交流的態勢〉にあるか否か、あるいは他者の生きるノエマ―ノエシス円環に私が「同乗する」ことができるか否かが鍵になると考えられる。

たとえば、エピソード2で、最初クローバーを引き抜いてしまったSちゃんは、「痛かったよ、クローバー」という私の言葉や「戻しておいてあげよ」と言ってそれを土の上に戻したEちゃんの行動を受けて、私やEちゃんと同様の相貌的な知覚世界へとすっと移行したように見える（それ以前のSちゃんが世界とどのような交わり方をしていたかは定かではないが、少なくともクローバーの痛みを感じるような態勢にはなかったと言える）。私の言葉は、もちろん引きちぎられたクローバーに実際に「痛み」を感じた〈世界との〈癒合的交わり〉の成分〉ということもあるが、それだけでなくたとえばSちゃんにはもっと生命を大切にしてほしいといった教育的配慮から出たものでもあったわけだが、Sちゃんは私の態勢の一部にあった〈癒合的交わり〉の成分に対して、ある意味非常に素直に、鋭敏に同調（同乗）してきたのである。

一方、そうしてSちゃんが新たに形作ることとなった純度の高い〈癒合的交わり〉の態勢は、クローバーの群生を「お友達」として捉えるようなものであり、私のそれ以上に深く、豊かなものであった。Sちゃんがとった〈癒合的交わり〉の態勢に今度は私が触発され、私はSちゃんが生き始めた豊かな相貌的知覚世界にはっと目を見開かされると同時に、そのような捉え方をできるSちゃんに深い感銘を受けたのだった。

つまり、Sちゃんにしろ、私にしろ、相手の世界との交わり方に対して自らのそれを柔軟に開いていくような態勢——上で〈身体―交流的態勢〉と呼んだもの——にあったということ、それが両者のノエマ―ノエシス円環の絡み合いとしての〈メタノエシス的つながり〉が生まれていった契機になったと考えられるのである。逆に、こうした態勢にないときには、いくら双方が世界と〈癒合的交わり〉をしていたとしても、それは単にそれぞれが表情性豊かな世界体験をしているというだけに留まって、そこに「つながり」の実感は生まれてこないだろう。さらには、いくら両者が〈身体―交流的態勢〉にあったとしても、世界との交わり方があまりに異なっているならば、やはり「つながり」の実感は生まれにくいと考えられる。

世界へ身を挺する主体

たとえば、エピソード3について考えてみよう。あの場面で、T先生はSちゃんが「ふわふわ〜って」という言葉を発したとき、その意味を計りかねていた私とは違い、彼女の言葉の意味するところを事もなげに汲み取っていた。一方で私は、同じ場でSちゃんやYちゃんの滑り台をする様子を楽しみながら見ていたのにもかかわらず、恐らくSちゃんたちの生きている世界を十分に生きることはできていなかったのだと思う。もちろん、限られた土曜日のみしか来ない私に比べて、T先生は、日常の保育の中でSちゃんとYちゃんのことをよく知っているということも影響しているとは思うが、自らのあり方を振り返ったときに、それだけではなくあの場面での私にはどこか「一歩引いた感じ」があったことは否めない。

メルロポンティの指摘によれば、大人においては科学的知識が具体的体験にとってかわってしまっているが、一方、子どもは感受する身体そのもので世界にかかわり合っている(4)。そうした子どものあり方は、ここまで〈純度の高い、深い〉〈癒合的交わり〉と呼んできたものに他ならないが、メルロポンティはそのようなあり方をしているときの主体の姿勢を〝世界へ身を挺している(4)〟と表現する。この「世界への身の挺し方」の程度において、Sちゃん、Yちゃん、T先生の三人と私とでは違いがあったのではないか。

他者の世界へノエシス的行為者として参入する

エピソード3における私のあり方を振り返ってみると、たしかにとても楽しそうに遊んでいるSちゃんやYちゃんの嬉しい気分を感じつつ、その様子を微笑ましく見ていたものの、それはまだ「私自身は『ここ』にいて、『そこ』で子どもたちが楽しんでいるのを見ている」という見方を超えるものではなかったのだと思う。言い換えれば、私は自らの〈私―世界―他者〉系から出ないまま、三人のノエマ―ノエシス円環の絡み合いを傍から見守っていただけであり、Sちゃんたちの生きている〈私―世界―他者〉系に自らもノエシス的行為者として参入して、そのありようを共に形作っていくところまではいっていなかったのだと考えられる。もちろん、私自身は子どもたちの生きているものを共に生きたい、子どもたちの気持ちを了解したいという志向性は常に持っているつもりである。そういう意味で、前の二つのエピソードと同程度の〈身体―交流的態勢〉にはあったのではないかと思うが、それでも目の前の三人ほどには私の〈癒合的交わり〉は活性化していなかったように感じる。このような場合には、やはり深い「つながり」の実感は生じないのだと考えられる。

一方で、T先生は子どもたちとまさに楽しい気分を共に生き、共にそれを膨らませていくノエシス的行為主体として、その場にあった。全身で喜びを表現するSちゃんやYちゃんの行為に対して、T先生も身体で即応するように行為していた。そういう意味で、T先生もまた「世界へ身を挺する主体」としてあった、あるいはSちゃんやYちゃんの生きている世界に身体で飛び込んでいたのだということができる。それだからこそ、T先生の〈私―世界―他者〉系は再編成され、子どもたちのそれと響き合うことになったのだろう。T先生と私の保育者としての経験の差、子どもの表現に対する感受性の差、その他にもT先生と私のあの場面での立ち位置の違いや出来事全体の流れなどの要因などが相まって、T

先生の態勢の一部に含まれる〈癒合的交わり〉の成分と子どもたちのそれとが響き合う一方、私自身は言わば「蚊帳の外」に置かれるような事態が生じたのだと考えられる。

〝生命の海〟を同じ船で漂う

序章において、〈私―世界―他者〉系のありようを表すものとして、小澤の〝生命の海〟(1)を挙げた。〈メタノエシス的つながり〉とは、喩えて言えば、この「生命の海」を同じ船に乗って漂うようなありようと表現できるだろう。他者がある仕方で世界と交わっている。身体という小舟をある仕方で象りつつ、波との固有の交わり方をもって「生命の海」を漕いでいる。その他者との「つながり」はまずもって、その小舟と同じような仕方で波に乗り、進んでいくもう一つの小舟（まったく同じ船というわけではないにせよ）を形作ること、あるいは他者の小舟に一時的にせよ「同乗する（同船する）」ことによって生成されるものとして捉えられる。

他者の世界との交わり方に「同乗する」とは、自らの〈私―世界―他者〉系を一旦棚上げし、他者の〈私―世界―他者〉系を感じながらそこを共に生きることである。そのためには、感受する身体〈身体―交流的態勢〉を取り戻し、他者のノエマ―ノエシス円環をこの身において引き受けていこうとすることが必要条件となる。そのような態勢と、二者の系の響き合いを準備する偶発的諸要因がうまく絡み合ったとき、二つの系のあいだの響き合い〈メタノエシス的つながり〉が生まれてくるのだと考えられる。

第7章 「なんでもない時間」を共有すること
——保育の場における「気になる子」とのかかわりから

第6章で見たようなSちゃんとのかかわりの一方で、かかわっていてもなかなか「柔らかな感じ」に包まれることができず、その「あいだ」に埋められない溝があるように感じられたTちゃんという女の子がいた。私にとってこのTちゃんの存在はとても「気になる」ものであった。そこで本章では、この「気になる子」に寄り添おうとする中で「あいだ」がいかに生きられるときに「つながり」が形成されるのかについて考える。

第1節 「気になる子」とのかかわりから生まれた問い

1 「気になる子」の「気になる」の源泉とは何か

「気になる」ことの中身は行動次元に回収できるのか

保育の現場では、しばしば「気になる子」と呼ばれる子どもがいる。(1)(2) 実際に私自身、保育の現場に関

がいた。

一般的にどのような子どもが、「気になる子」として捉えられているのだろうか。先行研究を見てみると、保育者にとって「気になる」子どもとは、発達の遅れや理解力の乏しさ、こだわり行動などの発達上の課題が見られる子どもや、コミュニケーションが成立しない子どもであるという。[3]

その上でこのような「気になる」子どもの保育上の課題として、多動や落ち着きがないといった行動面の課題や集団を乱してしまうといった集団活動における課題が指摘されている。[3] そのため、これらの子どもたちへの支援としては、個別のかかわりや声かけを重視したり、個々の発達状態を把握し、それに応じた支援を行うことが必要であると言われる。[2]

たしかに、保育の現場で「気になる」という感じを抱かされた子どもには少なからずこうした特徴が当てはまる。しかし一方で、こうした特徴のみに「気になる」理由を回収してしまうのはどこか不十分な感が否めない。というのもこれらの特徴はすべて、目に見える次元で掴むことのできるものであり、「気になる」ことの中身が目に見える行動の次元に回収されてしまっているからである。実際に、「気になる子」への対応のための巡回相談では、支援シートというものが開発導入され、その支援シートには、「気になる子」の行動理解のための「行動の分析」欄が具体的に設定されている。[4] それは、「気になる子」について、まず「気になる行動」、「その行動の起きた状況、場面」、「その行動の結果」を記入し、なぜその行動が起きたのかを分析しようとするものである。そこからうかがえるのは、子どもを観察者自身と切り離したところから見て「気になる行動」の原因を「推測」しようとする姿勢である。

かかわっている実感が得られないという感触

しかし、実際に保育の場において感受する身体をもつ者として子どもたちの中に投げ出されてみると、漠然と感じられてくる「気になる」という感じは、その子どもの行動そのものというよりも、かかわり手としてかかわっている実感がうまく得られないという感触から来るものであり、自らとその子との「あいだ」に埋められない溝があることに由来しているのではないかと思われてくる。つまり、私は「気になる」ことの原因をその子どもの行動のみに回収し、その原因を自らと切り離したところで考えようとする姿勢に違和感を抱くのである。

少なくとも私が関与観察で出会ったTちゃんは、明確な問題行動というよりはかかわりの実感という面で「気になる子」であった。Tちゃんも第6章で挙げたSちゃん、Aちゃん姉妹と同じく、私の通う土曜異年齢保育において観察参入当初からよくかかわることになった子どもであった。Tちゃんは出会った当初二歳四ヶ月頃であったが、その当初から、かかわる中でどこか「気になる」感じを抱かされていた。

初めは、Tちゃんの度を超えた身体接触に単純に何か違和感を抱かされていたのだが、Tちゃんが成長し過度な身体接触が減っていくと、今度は逆にTちゃんの世界になかなか触れられないことが多くなり、かかわりの実感がもてなくなっていった。たとえば、私と遊びたそうに遠くから見ているにもかかわらずなかなか近づいて来なかったり、たとえ一緒にいても、突如として身体が「感じる」ことを停止して固まってしまい、その場と無関係な存在に瞬時に変化してしまうように感じられたりすることがしばしばあった。

「あいだ」の不安定さ

そうしたTちゃんのありようは、コミュニケーションの不成立や、多動や落ち着きのなさ、集団を乱すなどの明確な行動に還元されるものではなく、Tちゃんの世界や他者へのかかわり方と、世界や他者の側からのTちゃんへのかかわり方の不調和として私には映った。それは換言すれば、Tちゃんと世界や他者との「あいだ」の不安定さと言え、そうであれば、「気になる」原因を彼女の行動のみに回収することはできないことになる。なぜなら、彼女が纏っている「気になる」感じの源と考えられるそうした不安定さは、彼女と世界や他者との「あいだ」の形成の問題、とりもなおさずその「あいだ」の形成に寄与する私のあり方も含み込んだ問題だと言えるからである。

とはいえ、そんなTちゃんとも、ときにはかかわりの実感を得られることもあった。そのようなときは、先のSちゃんとは対照的なある種の「硬さ」――彼女に生きられている世界と私に生きられている世界の溝――を感じさせられているTちゃんだからこそ、尚更「つながれた」ことへの充実感を得ることができた。そして、「つながれた」感覚を得られたときには、Tちゃんとの間にある違和感を伴う距離感、無機質な距離としての「間」が消滅したように感じた。これらの体験から、Tちゃんとのかかわりでは、「あいだ」の生きられ方が「つながり」の形成に影響を与えているのではないかということを考えさせられることとなった。

2　「気になる子」に寄り添うこととは

Tちゃんとの「あいだ」に不安定さを感じるようになるにつれ、私にはTちゃんへの「分からなさ」

が募っていった。気がつけば、Tちゃんに対して、しばしば「何しているの？」、「何作っているの？」などと尋ねたり、彼女の行動に対しても「なぜ？」ということを問うことが多くなっていたのである。それは、彼女の世界を知りたい、近づきたいという思いゆえのことであったと思うが、皮肉にもそのように「何？」、「なぜ？」を問う姿勢が強くなるほどに彼女との「あいだ」の埋められない溝を深く感じることになった。この意味で、「あいだ」の生きられ方と「つながり」との関係への問いは、同時に私にとって「気になる子」に寄り添うとはいかなることか、という実践的な問いでもあった。

「気になる」ことの中身を行動次元に回収してしまう場合、「気になる」子どもへの対応として目指されるのは、そうした行動の改善である。(5) 問題行動とされる行動がいかに減少し、適応行動を増やしていくことができるかということに照準が合わされる。しかし、そうした行動の改善は誰にとって意味のあることなのだろうか。そこには、かかわる大人側にとっていかにかかわりやすくするかという視点が隠されているように思う。

鯨岡が言うように、「気になる」子ども本人が抱えているのは、生きにくさという実感であり、自らの行動の改善を直接的に望んでいるのではないだろう。(6) Tちゃんにしても、周囲の世界や他者との「あいだ」をなかなか滑らかに生きられない生きにくさへの戸惑いのようなものがあったのではないか。これに鑑みれば、行動の直接的な改善ではなく、まず何よりもその子が周囲の世界や他者との関係の中で生きにくさを感じることなく、その子らしく生きることができるようになることが目指されねばならないだろう。すなわち、そうした子どもとかかわる大人に求められるのは、彼らの行動を問題として捉えて改善を促すのではなく、いかにそうした子どもに寄り添うことができるのかということ、いかに子どもと「つながる」ことができるのかということである。子どもにとってみても、他者との「つながり」

の実感こそ生きていく力となるものだろう。
そこで、以下の事例では、「気になる子」であるTちゃんとの「あいだ」に関する特に印象に残ったエピソードを考察し、「気になる」ことの源泉が世界・他者との「あいだ」の不安定さにあること、また、「あいだ」がいかに生きられるときに「つながり」が形成されるのか、ということについて明らかにする。

第2節　事　例

1　Tちゃんについて

Tちゃんも、Sちゃん、Eちゃん姉妹と同じく、私が観察に入った当初からよくかかわることになった子どもである。関与観察当初は、二歳四ヶ月ほどであった。以下で挙げるエピソードは、四歳六ヶ月頃のものである。

母子家庭で、やや複雑な家庭環境であり、母親への保護者支援も特に必要であることを保育者からは聞いていた。Tちゃんにも年子の姉がおり、お姉ちゃんが風邪で土曜異年齢保育を休んでいると、お昼寝も落ち着いてできなくなることもあるほど二人の絆が強い。保育者に聞いた話によると、夜眠るときは大人に、「二人にして」と言って部屋のドアを閉めて二人でぺちゃくちゃおしゃべりをしながら眠りにつくこともあるらしい。

上でも述べた通り、Tちゃんは、私にとって観察参入当初から、どこか「気になる」感じを抱かされる子どもであった。観察に入れば、子どもたちにとって珍しい新参者であるため、多くの子どもが積極的にかかわろうとしてきておやつの時間などは私の隣を取り合うこともあったが、ほとんどの子どもは慣れてくるとそうしたこともなくなってくる。しかし、Tちゃんだけは、いつまでも身体を密着させるかかわりを求めてきた。そのありように漠然と「気になる」感じを抱くようになっていった。

Tちゃんに抱かされた私のこの感触を保育者に話したとき、保育者たちもそうした意識をもって保育にあたっているとのことで、親でもなく保育者でもない存在である私だからこそ「Tちゃんをたっぷり充電してあげてください」という言葉をいただいたこともあった。

そうしたTちゃんであったが、年中組に上がった頃から、ビデオを見るときも絵本を読むときもおやつのときでも私に身体をくっつけていたそれまでとは異なるかかわりを持つようになっていった。それまでの、身体全体で大人に自らを投げ入れ、自らの欲求のままに受け止めてもらおうというあり方ではなく、他の子どもとかかわっている私を離れたところからちらりちらりと見ては、私がそうしたTちゃんにまなざしを返して目を合わせると、嬉しそうにはにかんで笑う、ということが増えていったのである。また、同時に周囲の状況をうかがいながら、どこか自分で自分を制御しているような感じも見受けられるようになった。

2 エピソード

最初に提示するエピソードは、Tちゃんに対して漠然と抱いていた「気になる」感じが形として明確に私に感じ取られたエピソードである。これを通して、Tちゃんの「気になる」感じの源泉について考える。

◈エピソード1　「お手紙あげる」（七月一〇日）

〈背景〉

おやつの時間、保育者の「お片づけですよ」の声かけで、子どもたちはそれぞれ遊んでいた絵本や塗り絵、ブロックなどのおもちゃを片づけ始めた。私も、子どもたちに声をかけながら、床に転がっているおもちゃを片づけ始めていた。そこへ、Tちゃんがいつものはにかみ顔で私のところへやってきた。

Tちゃんは、はにかみながらも嬉しそうに「あのね、お手紙がある」と言う。私は突然だったので、なんだろうと驚きながら、「お手紙?」と尋ねると、「まき先生（私のこと）にお手紙がある」と言って、「かばんにあるから取りに行ってくる!」と言い、勢いよく廊下へ飛び出して行き、しばらくして戻ってきて、「はい!」とキャラクターの絵のある小さなメモ用紙をくれた。私は、「何かな?」と見てみるが、そこには何も書かれていない。

「何も書いていないお手紙?!」とその瞬間不思議に思ったが、Tちゃんの満足げな顔に自然と「ありがとう、Tちゃん」とその手紙を受け取ったが、やはりよく見てみても文字や絵は何も書かれていない。

「あれ? Tちゃん何も書いてないよ?」と言ってもTちゃんは満面の笑みで応えるのみである。その笑顔に、私も、何も書いていないけど、Tちゃんからの贈り物だと嬉しく思い、「ありがとう、大事にしまっておくね」と伝えながら、その時すぐにしまえる場所であったズボンの後ろのポケットにしまった。

この時、保育室はおやつ前で、トイレに行く子、手を洗う子などの補助が必要でゆっくりとそのままTちゃんと一緒にいることができない。

するとしばらくして私が乳児を抱きながら子どもたちの手洗いを補助している時に、Tちゃんが来て、「お手紙は？」と尋ねてきた。ばたばたと動いていた私は、その状況下でのTちゃんの再度のお手紙への言及に、さっきしまっておいたズボンのポケットのお手紙に意識を引き戻され、「ちゃんとしまってあるよ、後ろのポケットに」と言って、片方の手でその場所を示すと、Tちゃんは、少し真剣な表情で私のポケットからお手紙を取り出して確認してから、それをまたギュッギュッとポケットに詰めてしまってくれた。


〈考察〉

「お手紙」に込めた思い

このエピソードは、Tちゃんが年中組に上がり、私との関係の持ち方に変化が見られ始めた時期のものである。私とのあいだに「距離」を取ってかかわるようになってきた時期である。Tちゃんの私を遠巻きにちらりちらりと見るあり方は、私には非常に不自然な、違和感のある距離感として感じられていた。それはTちゃんの存在の不安定さをそれまで以上に色濃く感じさせるものであった。

そうした中で出合ったこの「お手紙」をめぐるエピソードは、なかなかTちゃんとしっかりとかかわったという感覚が得ることができないでいたこの頃の私にとって、Tちゃんからの一つのメッセージとして受け止められた印象深い出来事であった。

「お手紙がある」とTちゃんから小さな紙を渡されたとき、Tちゃんがこの頃には珍しく私に直接的に働きかけてくれた嬉しさと「なんて書いてあるのだろう?」という期待感が溢れてきた。そのため、「何かな?」とそれを開いて見たときに、真っ白で何も書かれていないことに拍子抜けすると同時にやや戸惑った。しかし、直接的にTちゃんから働きかけてきてくれたことの嬉しさと、この頃なかなか見られなかったTちゃんの満面の笑顔に、そのお手紙をTちゃんにも確認してもらえるように大切にしまった。

お手紙をそうしてしまってから、私は他の乳児たちの援助をする必要があったため、目の前の子どもたちとのかかわりに集中していた。そのため、しばらくして、Tちゃんが再び私のところへやってきて「お手紙は?」と尋ねたとき、「あれ、さっき入れたのを一緒に確認したところだよね?」という思いで、やや驚くとともに、そのとき初めてTちゃんにとってのその「お手紙」の意味がしっかりと意識化されてきた。

「お手紙」という媒介物が示唆すること

Tちゃんにとって、何も書かれていなくてもその「お手紙」を私に渡し、それを私がきちんと持っているということそれ自体に大きな意味があるように、そのとき思われたのである。実際、Tちゃんは、「ちゃんとしまってあるよ」と言って私が示したズボンの後ろのポケットから、自らお手紙を少し出して確認し、またしっかりとしまった。少し真剣な表情で、「お手紙」のありかを確認するTちゃんの様子からは、その「お手紙」へ込めた思いがひしひしと伝わってくるようであった。

Tちゃんにとって、この「お手紙」はどのような意味をもつものだったのだろうか。

「お手紙がある」と言って私のところへ来てくれたとき、私はすぐさま、「なんて書いてあるのだろう?」と、Tちゃんのメッセージを知りたいという思いに駆られた。それは、一般的に「手紙」というものが、言語的なメッセージを交換するものであるという前提があったからである。しかし、Tちゃんにとって重要だったのは、「お手紙」の内容ではなく、「渡す―受け取る」というやりとりそのものだったのだろう。

自らをそのままに表現することが難しくなっていた当時のTちゃんにとって、「渡す―受け取る」という形あるやりとりは、私という他者との「つながり」の実感を、これまでの身体接触とは違った形で得ようとするものだったのではないだろうか。何も書かれていない「お手紙」を私に渡した後のTちゃんの満面の笑顔は、「お手紙」という形あるものを媒介にして、私という他者に自ら呼びかけ、それをしっかりと受け止めてもらったという充足感の笑みだったように思う。

しかし一方で、あえて「お手紙」という形あるものに自らを託して他者との「つながり」を求めねばならないというあたりに、この頃のTちゃんの心許なさが表れていたように思う。「お手紙」を私に渡して、しばらくしてから私がきちんと手紙を持っているかを心配して尋ねに来るTちゃんには、一瞬「つながり」が得られたとしても、しばらく時が経ったらそれが断ち切られてしまうかもしれない、というような不安が表れていた。

Tちゃんの中で、「お手紙」を「渡す―受け取ってもらう」というやりとりによる一時の他者との「つながり」は、持続的で安定した「つながり」の実感にまでは昇華されなかったのだろう。換言すれば、Tちゃんのベースにあったのは、やはり他者との「つながり」の実感の希薄さや他者との「あいだ」の脆弱さであった。少し前のように自らの欲求そのままに身体接触を求めに行くことができなくなってきた中で、身体という他者との原初的な「つながり」の場を失い、他者との「あいだ」をどのように生きればよいか分からない状況にあったのだと言えるかもしれない。

こうしたことが、「あいだ」のもう一方の極である私に何か不安定な感じを与え、それが「気になる」ことの要因となっていたように思う。

＊

Tちゃんのこのような世界・他者との「あいだ」の不安定さは、私との「あいだ」の不自然な距離感にも象徴的に表れていた。それは私にとって、第6章の事例のSちゃんとは逆に何か異物に触れたような「硬さ」として感じられるものであった。次は、漠然と感じていた「硬さ」の感触が、かかわりの中で明確な形として露わとなった出来事である。

◈エピソード2　「踏まないで！」（九月四日）

〈背景〉

この日、Tちゃんはブロック遊びをしていた。私は乳児を抱えていたが、乳児を膝に抱えたまま、ブロックを挟んだTちゃんの前に座って一緒に遊ぼうとしていた。


Tちゃんは一人で十字のブロックを組み合わせて、それを横一列に並べて遊んでいたのだが、なんとなくその様子は「遊んでいる」というよりも、とにかく並べているというだけのように私には感じられた。

そのTちゃんの様子を前にして、つい私も一緒にやろうと、「Tちゃん、一緒にやろうかな～?」と声をかけ、乳児を抱えたまま体勢を整えるために右手を床についたときであった。Tちゃんが突如、「踏まないで!」と大きな声を発したのである。

しかし私は、Tちゃんの並べていたブロックを決して踏んではいなかった。非常に驚きながらもすぐに「ごめん、ごめん」と謝ったが、その後手持ち無沙汰のようにどうしたらよいか戸惑ってしまった。

〈考察〉

「あいだ」に張られた越えられない膜

この出来事は、日頃漠然と感じていたTちゃんとの距離感、あるいはTちゃんの世界に触れられない、殻のような「硬さ」をはっきりと感じさせるものとなった。先にも述べたが（一七一頁参照）、この他にも一緒に遊んでいると思っていたら、次の瞬間には急に「感じる」ことを停止して、その場と無関係な存在のようになってしまうと感じられることがあり、このときの様子もそれに通じるものがあった。

私が前に座ってもTちゃんは特に顔をあげることもなく淡々と手を動かしていたので、そのときからすでに違和感は感じていたのだが、一緒に遊び出してしまえばそうしたありようも変わっていくかなというかすかな期待もどこかにあり、「一緒にやろうかな」と声をかけながら体勢を変え始めた。そこで思わぬ、「踏まないで！」の言葉である。

その突然の厳しい言葉に、私は驚いたのはもちろんのこと、Tちゃんとの「あいだ」に目には見えない越えられない膜が張られているかのように感じた。すぐ目の前で同じ場にいるTちゃんがとても遠く感じたのである。「踏まないで！」と叫ぶTちゃんは、他者を寄せ付けない、殻の中の個の世界に一人あるかのようであった。

なぜTちゃんが「踏まないで！」とそのとき言ったのかは、本当のところは分からなかったが、私にはその言葉は、「自分の世界に入らないで！」と言われているようであった。Tちゃんにとっては、何気なく遊びに参入していこうとした私が、自らの世界に突如侵入してきたかのように感じられたのかもしれない。Tちゃんの、簡単には参入できない個の世界を垣間見た気がし、このときあらためて、Tちゃんに寄り添うことの難しさを突きつけられた。

遊動の生じ得ない「硬さ」

そもそも思い返せばTちゃんがブロックを並べて遊んでいるありようは、「遊んでいる」というより、物を並べるだけの「行為」としてしか感じられないものであった。西村は、〝遊びとは、ある特定の活動であるよりも、ひとつの関係である〟とし、〝それは、ものとわたしとのあいだで、いずれが主体とも客体ともわかちがたく、つかずはなれずゆきつもどりつする遊動のパトス的関係である〟と指摘している。[7] このときのTちゃんに、「遊んでいる」という雰囲気を感じ得なかったのは、Tちゃんと他の存在との「あいだ」に遊動が生じ得るような「柔らかな」空気感がなかったからだと思う。言い換えれば、Tちゃんとブロックとの「あいだ」には、一方が他方を道具的に扱っているという切り分けられた主客の関係性だけしかなかった。私はそれを身体のどこかですでに感じていたにもかかわらず、その「あいだ」を無理やり「柔らかな」ものにしようとでもいうように、彼女の世界に土足で入ろうとしてしまったのかもしれない。

また、もしかしたら乳児を抱っこしながら遊びに入っていったのがよくなかったのかもしれない。いずれにしてもその場での私には、Tちゃんの生きている世界を共に生きることができていなかったのは事実である。

そして、この出来事をきっかけにしてTちゃんとのかかわりにおいて、Tちゃんとの「あいだ」に漂う目に見えないもの、あるいはTちゃんが纏っている空気感といったものに注意をするようになっていった。

＊

次に挙げるのは、世界や他者との「あいだ」で遊動するような「柔らかさ」を欠いていることの多かったこの頃のTちゃんと、久しぶりに一緒に遊べたという実感を得られたエピソードである。これは、エピソード2の次週の土曜日の出来事である。

◆エピソード3　意図せず始まった遊び（九月一一日）

〈背景〉

私が、午睡から少し遅めに起きてきた小さい子どもたちのおやつの席にいたときのことである。すでにおやつを終えた年中、年長さんたちは各々、本読みやおもちゃで遊んでいる。私が、Kちゃん（一歳半）のおやつを食べるのを手伝いながら隣に座って見守っていたところ、Tちゃんがやってきて、子ども用椅子に座っている私の膝に乗ってきた。私は、すでに椅子に座っている私の膝の上にTちゃんがよじ登るように座ってきたので、この上にも座るのかと半ば苦笑い気味になりつつ、座りやすいように少し膝が低くなるようにした。私の目の前には、Tちゃんの頭があるような格好である。

Tちゃんは、特におもちゃを持ってきてこれで遊んでというわけでもないようで、私は自然と両手で後ろからTちゃんを抱えるような格好になり、何の気なしにTちゃんの両手首をもって、パンパンと手を鳴らして遊び始めた。目の前のKちゃんはそれが面白かったらしく、私たちを見て楽しそうだ。

Tちゃんもその何気ない私の「遊び」に乗ってきてくれ、私がリズムをつけて鳴らす手に自ら力を入れてパンパンと鳴らし始めた。このの「遊び」が気に入ったらしく、私がやめると「もう一回、もう一回」と自らの手を鳴らすように私に促す。楽しそうなKちゃんの様子と「遊び始めた」Tちゃんに引っ張られるように私も楽しくなってきて、リズムを変えてはTちゃんの手を鳴らし、遊び始めた。ちょっと変化をつけて、パンッと手を鳴らす直前で、くっと力を入れてTちゃんの手を止めてみたところ、その緊迫した様子が面白かったらしく、Tちゃんは声をあげて弾けるように笑う。その弾ける笑い声にKちゃんも私も思わず笑い、手を鳴らすように勢いをつけては直前でやめる、という「遊び」を繰り返した。そのたびにTちゃんは、たまらない、という感じで笑い、Kちゃんも大喜びである。

〈考察〉

場が色づき始める

これは、何気なく始まった行為が一つの「遊び」となって立ち上がり、その場にいる三人が一つの場を共にしたという感覚が残った出来事であった。常に目まぐるしくいろいろなことが目の前を流れゆく保育の場においては、このような一コマはまったく取るに足らないことのように見える。しかし、Tちゃんとその場を過ごした私にとっては意味深いかかわりとなり、Tちゃんと共に一つの世界を味わえた印象的な出来事であった。より実感に即して言えば、おやつの後のことさら特別なことのない穏やかな場が、意図せず始まったかかわりによって突如として色づき始め、その場の三人の前に意味ある空間として立ち現れてきたという感覚である。

このとき私は、椅子にすでに座った状態で膝に乗せるには少し大きすぎるTちゃんを後ろから抱きかかえるような格好になり、何気なく手を打つことを始めたのだが、この、自らの手を他者である私に打ってもらい、またそのリズムに変化をつけるということがTちゃんはとても気に入ったようであった。

その後しばらく経った別の日に、このときと同じような体勢になった際、Tちゃんから「こないだのあれやって」と私の手を取って促されたこともあり、Tちゃんの中でも特に心弾む体験としてこのときのこの場が生きられていたのだということをあらためて知った。それと同時に、あのような小さなやりとりでもTちゃんにとって心に刻まれるような意味をもつことがあるのだということに気づかされた。

一方で、この傍目には取るに足らないように見える出来事が私自身にも印象的だったのは、上にも述べたように「何気ない場が突如として色づき始めた」という新鮮な感覚を得たからである。これは、独特の不安定さを感じながらTちゃんに対して、「何？」、「なぜ？」と問いながらかかわっているときには決して得られなかった感覚であった。私自身このとき、自分の内側から沸き起こってきたその新鮮な驚きに感じ入りながら、どんどん引き込まれるようにTちゃんとのやりとりに入り込み、それを繰り返していた。

他者と共に創り出す体験世界

一体、この出来事はTちゃんにとってどのような体験だったのだろうか。

このときTちゃんは、私のつけた変化によって、自分が打とうと思っていたタイミングを「はずされる」ということがたまらなく面白いようで、その度に弾けるように笑っていた。これを二人で繰り返すことが一つの「遊び」となっていったわけだが、その面白さの中核は、お互いがお互いのタイミングを身体を介してはかり合い、それを「はずし—はずされる」ということにあったと言える。

相手のタイミングをはかろうとするとき、自らの身体の感覚を通して他者の身体の志向性に集中する。そこでタイミングをはずされるということは、自らの世界と他者の世界とのズレの体験であろう。このズレの感覚は一人では創り出せない。自らとは異なる世界を生きる生身の他者の存在があって初めてズレという現象が生み出される。

久しぶりに弾けるほどに笑って楽しんでいたこのときのTちゃんは、こうした意味で、自分とは異なるもう一つの身体で生きる他者の存在やその体験世界を、普段以上にアクチュアルに感じていたのではないだろうか。それは自分だけに閉じた平板な世界とは異なる、他者と共に創り出す生き生きとした体験世界である。こうした生き生きとした体験が、Tちゃんの弾ける笑い声となり、印象的な一つの「遊び」の記憶となったのだと考えられる。

先にも述べたように、この頃のTちゃんからは、他者との距離のもち方の不安定さや、エピソード1に見たような他者との「つながり」への切実な欲求が感じられることが多かった。そんな中での私という他者との実感を伴う「つながり」は、Tちゃんにとって特に鮮やかな楽しい体験だったのではないだろうか。

ここにあったのは、エピソード2のような不自然な距離感のあるぎこちないかかわりではない。むしろ、Tちゃんと私との「あいだ」には、お互いの世界が触れ合い、溶け合うような「柔らかな感じ」が生じていた。タイミングをはずし合い、ズレを楽しむという水準で、両者の行為は確かに絡み合い、響き合っていたと思う。この頃のTちゃんと、久しぶりに一つの世界を共有することができたという実感が残ったのだった。

◈エピソード4　園庭の隅から（九月二五日）

〈背景〉

外遊びの時間になり、約束していたこともあって私はEちゃんと遊ぼうとしていたが、保育室でもちらりちらりと私を見ていたTちゃんが気になり、Eちゃんに声をかけてから、一人で三輪車をしているTちゃんのところに少し行ってみることにした。

Tちゃんは、三輪車で、広い園庭ではなく、園庭の奥の隅の方へ進んでいく。そこは行き止まりの狭い空間で、とても三輪車で遊ぶ場所ではない。私はTちゃんを追いかけながら、「Tちゃん、こんな隅っこで漕ぐの…？」と声をかけた。

Tちゃんは私が自分のそばに来たことが嬉しかったようで、はにかみながらもこの日一番の明るい表情を見せてくれた。私は、広い所でのびのびと遊んでほしいという思いから、「Tちゃん、広い所で遊ぼうよ」と園庭へ誘ってみる。しかし、Tちゃんは、その隅の空間で行ったり来たりするだけで、すぐには園庭へ繰り出そうとはしない。その様子に、私は、しばらく二人でここにいようと思い直し、その場でしばらく枯れている鉢に水をやりながらその狭い場所で三輪車を漕ぐTちゃんと二人の時間を過ごした。

少し時間が経つにつれ、Tちゃんが私に向ける笑顔が少しずつ戻ってきているのを感じたので、「Tちゃん、後ろから押しちゃおうかなぁ～？」と声をかけてみた。すると、Tちゃんは、嬉しそうにはにかんだ。Tちゃんのその表情に、私は、「よしっ、押しちゃおう！」と声をかけ、「さ～、出発～！」と園庭の方へ勢いをつけて押し出すと、Tちゃんもそれに乗って、勢いをつけて走り出した。

私は、この日初めてTちゃんの波に乗れた気がした。Tちゃんも、私が後ろで見守っていることを振り返って確認しつつ勢いよく三輪車を漕いでいるので、私も「Tちゃーん、待ってるよ！」とゴールを示すように、大きく手を振りながら応じ、「ぐるーっと回って戻っておいで～」と声をかける。

Tちゃんは、最初は私を振り返りながら小さめの円を描いて三輪車を漕いでいたが、勢いに乗ってきたのか、私の応援にも押されたようで、だんだん園庭を大きくぐるっと円を描いて回り出した。そして、待っている私の姿を確認して、勢いよく漕いで向かってきた。その表情は、ますます明るくなっている。

高揚しながら私めがけて戻ってくるTちゃんを、私もしゃがんで待ち、「おかえりー！」と言って迎え入れ、右手を差し出すと、Tちゃんも私の右手にパチン！　と手を合わせハイタッチになった。

するとTちゃんは、「もう一度行ってくるね！」と言い、私の「うん！いってらっしゃい！」の言葉で、また勢いよく園庭へ繰り出した。

〈考察〉

相手の存在を確かに感じること

この出来事も、エピソード3と同じく、Tちゃんと徐々に「つながる」ことができた感覚を得たものである。

園庭遊びの時間となり、他の園児たちがそれぞれ大きく広がって意気揚々と遊び始めているにもかかわらず、そのもっとも隅の死角になるような場所に三輪車を持ち込み遊び始めたTちゃんに、私は初め「なぜ、こんな狭い所で？」という違和感を抱いた。その違和感から、「広いところで遊ぼうよ」と誘ってみたのだが、Tちゃんはその場を離れようとはしなかったので、私はしばらくその狭い場所で一緒にいることにした。

ところが，しばらくその場にいてみると，なんとなくその狭い空間に二人でいることが落ち着くような気がしてきた。「私とTちゃんが二人でいる」ということが，その空間が狭く囲まれている場であることによって，よりしっかりと意識されるような気がしたのである。鉢の水やりをしながら傍にいる私に対して，徐々に柔らかな笑顔を見せてくれるようになったTちゃんにも，同じような感覚があったのだろう。それまでの保育室で，私のことを気にかけながらちらりちらりと見ていたのとは対照的な表情に，余計にそのように感じた。

「硬さ」と表現されるようなある種の強張りをしばしば感じさせるTちゃんにとって，狭い空間は，自らの身体をまず落ち着かせ，くつろがせられるような場所であったのかもしれない。そして，そのような空間において，図らずも「二人でいる」ということがじわじわと感じられてきた。言い換えれば，二人が無関係にそこにいるのではなく，双方が相手の存在を実感しているような雰囲気が高まってきたのである。それとともにTちゃんの笑顔は徐々に柔らかくなり，それにつれてその身体もますますほぐれてきているようであった。

互いに連動し合う身体のあり方

同時に，私もTちゃんとの「あいだ」で充実していく何かに導かれるように，Tちゃんの三輪車を押してみようという気になった。それは，すでにTちゃんも私の「よしっ，押しちゃおう！」という声かけに乗ってくるような感じがあったからでもある。「さ〜，出発〜！」とTちゃんを園庭に送り出してからは，当初は強張っていたTちゃんの身体がだんだんと活気づいてくるのがありありと私に伝わってきた。そして、それにつられるように、私も思わず「Tちゃーん、待ってるよ！」「ぐるーっと回って戻っておいで～」と叫んでいた。そのときにはもう、私たちを包む空気は、そこで遊び出した当初とはまったく異なるものに変わっていた。

Tちゃんが勢いよく園庭を大きく回っている様子は、狭い空間で遊ぼうとしていたときとはまったく違って、園庭によく溶け込んでおり、身体の強張りもまったく感じさせなかった。心の底から楽しんでいる様子のTちゃんに、私自身も嬉しくなっていた。そして、Tちゃんが私をめがけて漕いできて、私の差し出した手にハイタッチをしてきたとき、Tちゃんとしっかりと「つながれた」という実感を得ることができたのである。

私にとって、この一連の出来事で印象的だったのは、私とTちゃんの身体のあり方が言わば連動していたことである。

当初、狭い空間に二人でいたとき、Tちゃんはそこで行ったり来たりしてはいるものの、その身体はどこか張りつめ強張っているようであり、一方の私もその傍らで鉢に水やりをし始めたものの、何となく手持無沙汰を解消しているだけの、動きの乏しい空虚な身体のあり方をしていたと言える。しかし、二人でその狭い空間を共にすることによって図らずも二人の「あいだ」が充実してくると、そうした当初のあり方がどちらからともなく変化し、少しずつ身体が活気づいていった。これは、それぞれの身体がもう一方の身体と絡み合い、共鳴し合ったためではなかろうか。あるいは、この変化が、私とTちゃんのどちらかが主体的に作ろうとしたものではなく、「導かれるように」、「どちらともなく」生じてきたことを考えると、二者の「あいだ」そのものが自律的に、二人の身体を息づかせていったと見ることもできるかもしれない。

無理に広い園庭に出そうとするのではなく、そこで共にいてみようとする姿勢をとったことが、結果としてこのような事態につながっていった。二者の「あいだ」において相手のノエシス的な行為に身体を開き、その場を共にしていくことで、そこに「メタノエシス的つながり」が形成されていく契機が生まれてくるのである。

❖エピソード5　帰りのお寺での「雪遊び」（二月五日）

〈背景〉

保育園を終え、隣りのお寺を通って帰る私は、その日最後のお迎えで保育園を出たばかりだったTちゃんとその姉とそのお寺で一緒になった。お寺の前にはバス停があり、帰りのバスが来るまで、そこで遊んで待っていたようだ。

二人の様子は、遠くから見ても楽しそうな雰囲気が感じられた。二人のところまで来たとき、Tちゃんがかがみ込んで、お寺の敷地に敷かれている白い砂利を小さな手にいっぱいにした後、それを、両手を大きく広げて空に向かって放ちながら、「うわー！　雪みたーい！」と見上げ、弾ける歓声を上げげた。Tちゃんのそんな歓声も生き生きとした姿も、このところ保育の時間に目にする姿とまったく異なるものであった。とても「自然に」そこにいて、それを楽しんでいるように感じられたのである。

私は思わずそのTちゃんの姿に引きつけられ、「うわー！　Tちゃん、雪だ！　雪だ！」と隣に座って一緒に遊ぶ。ジャラジャラと音を立てて砂利はすぐに落ちてくるが、Tちゃんは何度も何度も興奮気味に繰り返していた。

〈考察〉

世界との境界が溶ける

このような自然なTちゃんの姿は、この頃の土曜異年齢保育の中ではなかなか見られないものであった。それは、第6章の事例のSちゃんとのかかわりと同様の「柔らかな」空気感に包まれたような体験であった。このときのTちゃんの様子に「自然さ」を感じたのは、距離を距離として感じさせるような殻に閉じこもったありようや、世界とのダイナミックな相互交渉を欠いて遊びが単なる行為と堕してしまっているようなありようではなく、Tちゃんと世界との「あいだ」に西村の言うところの[7]「遊動的」な関係性が成立していたからだろう。

同時に、私にとってもそこが土曜異年齢保育が終わった後の、いつもの保育室や園庭とは別の新鮮な場所であったからかもしれない。私自身、土曜異年齢保育における「私」よりも少しほどけたあり方をしていたように思う。「何?」、「なぜ?」という思いに囚われてしまいがちな保育園の中での「私」より、ある意味では、Tちゃんを分かろうとする「構え」がなく、共鳴しやすい身体を携えてTちゃんのもとへ駆け寄って行っていた気がする。

Tちゃんが白い砂利を「わあ！　雪だー」と高く投げ上げ、それを見上げる姿を目にしたとき、その数日前の記録的な大雪の光景がすぐに私にも目の前に浮かんできた。Tちゃんの生き生きと遊ぶ姿に私も思わず一緒になってやっていたが、横にいるTちゃんからは、母親のお迎えで帰途に着くときの安堵感と満たされた気持ちが溢れており、私にまでそれが伝わってくるようであった。

このときのTちゃんは、エピソード2において「踏まないで！」と言って、個の世界に入り込まれまいとしていたときとは異なり、目の前の世界に溶け込むようにいた。白い砂利が雪として見えてくるというのは、第6章の事例で考察した、主体と世界との〈癒合的交わり〉から生じる相貌的知覚に他ならない。恐らくそのような世界との交わり方は、「踏まないで！」のエピソードにおいて、ただ物を並べるという行為をしていたときとはかなり違ったものである。

矢野は、人が我を忘れて夢中に遊ぶときには、〝自己と世界とを隔てる境界がいつのまにか溶解してしまう〟と言い、それを〝溶解体験〟と呼んでいる。(8) このときのTちゃんはまさに世界との境界が「溶解」したようなあり方をしていたように思う。第6章の事例のSちゃんと同様のこうしたあり方にTちゃんがあったのは、おそらく母親の迎えで心が解き放たれ、仲の良い姉との馴染みのある二人の世界に戻れたということが関係しているだろう。最も馴れ親しんだ母や姉との「あいだ」の感触に浸されることで、世界との「あいだ」における遊動的な関係、ないしは世界との〈癒合的交わり〉が回復されていたのだと思われる。

第3節 事例のまとめ

以上、本章の事例では、保育の現場における「気になる子」Tちゃんの、「気になる」ことの源泉は何なのかという問いを出発点として、その源泉を世界や他者との「あいだ」の不安定さではないかと見定め、そこに注目しながらTちゃんとのかかわりを描き出してきた。以下では、これらの事例から、①各々の主体の「あいだ」に「つながり」が形成されるときに何が起こっているのか、また、②そうしてできる「つながり」が、これまでのイメージといかに違うものであったのかという二点について考察していく。

1　「あいだ」に「つながり」が生まれるときとは

かかわりの実感がもてないとき

ときに濃密な身体接触を求めてくるかと思えば、ときに他者を寄せ付けず個の殻に閉じこもってしまい、世界との生き生きとした相互交渉を欠いた姿を見せる。そのようにTちゃんには世界や他者との「あいだ」の不安定さを感じさせられることが多かった。

第2章に紹介した木村の理論[9][10]に見たように、「あいだ」とは、単純に何かと何かがあればそこに必ず存在するようなノエマ的な物理空間ではない。あるものと別のものとの関係性が生きたものとして息づくありかが、「あいだ」であるとされる。たとえば日本庭園は、それを自然と感じる日本的主体との「あいだ」が開かれて初めて自然として成立する。言い換えれば、自然の表現としての日本庭園と、それを自然と感じる日本的主体とは、同時に生成する。それはまた、その日本庭園を造る主体とそれを自然と感じる主体とに、表現する者とその表現を受け取る者との関係が成立するということでもあろう。そのように、主体、その主体によって生きられる世界、その主体と関係するもう一方の主体、そしてそれらの「あいだ」は、ある方向性をもった自律的運動の中で同時に生じてくるものなのである。

こうした見方に沿うならば、私がTちゃんとのかかわりの実感が持てずにいたのは、互いの生きる世界がなかなか交ざり合わず、互いが互いにとってしっくりくる存在としてなかなか立ち現れてこなかったため、両者の「あいだ」に生きた関係性が生まれてこなかったからと言うことができる。したがって、

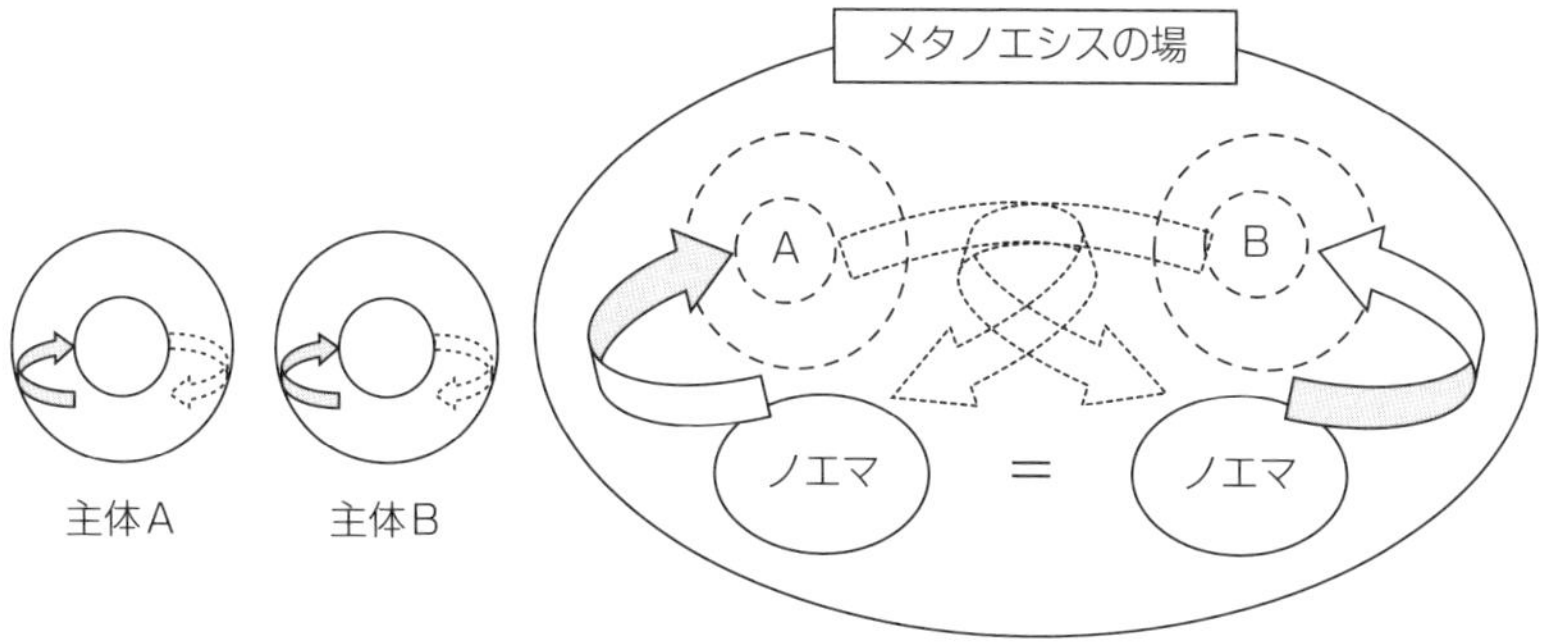

〈主体間で絡み合わないとき〉　〈主体間で絡み合うとき〉

図２　主体間におけるノエマ―ノエシス円環の絡み合い

（注）　小さい円が第一の主体，大きな円が第二の主体
点線矢印が第一の主体の働き，実線矢印が第二の主体の働き

（出所）　木村[10]をもとに筆者作成

恐らくかかわりの実感が持てずにいたのは、私だけではないだろう。エピソード1で「お手紙」に自分の存在を託して、その場所を何度も確かめようとしていた姿からは、Tちゃん自身も、私とのかかわりに何か十分な手応えを感じ切れていない様子がうかがえた。また、エピソード2に端的に表れているように、そもそもTちゃん自身が世界や他者に対してかかわることを止め、個の殻に閉じこもろうとしているかのような場面もあった。

　では、逆にTちゃんとの「つながり」を感じることができたとき、その「あいだ」では何が起こっていたのだろうか。エピソード2とエピソード3の違いから考えてみよう。

　「踏まないで！」と突然言われてしまったエピソード2では、Tちゃんが目の前にいるにもかかわらず、私はまったく違う場に追いやられたかのようであった。ブロックを並べるTちゃんの「遊び」（というより、「物を並べるという行為」）に入っていこうとした私は、Tちゃんと同じ世界を生きるどころか、いとも簡単にはじき飛ばされた形となった。これは、私のノエマ―ノエシス円環が、Tちゃんのノエマ―ノエシス円環に絡み合わなかったためだと考えられる（図2）。

両者のノエシス的行為が響き合い交流すること

もう一度確認しておこう。第1章（図1参照）において、世界に出会いノエシス的行為を為す第一の主体がいて、そこで生み出されたノエマをもとに第二の主体が次のノエシス的行為を方向づけるという主体の二重性を示した。こうした構造を生きる主体どうしに「つながり」が生まれるときには、第二の主体のノエシス的行為の方向づけは、互いに相関し合う。そうやって方向づけられたノエシス的行為が絡み合い、同様の意味づけをされたノエマ的表象を生み出していくことによって、それぞれの主体が同じ活動をしているか別個の活動をしているかに関わらず、相手のノエマ―ノエシス円環がこちらに自然なものとして感じられるような状態が生まれる。これが〈メタノエシス的つながり〉である（図2）。これと対照的に、エピソード2では、Tちゃんの作りだしたノエマ（並べられたブロック）から誘発された「自分も遊びに加わろうと手を伸ばす」という私のノエシス的行為は、Tちゃんが次に為そうとしていた行為にはどこかそぐわないものだったのだろう（Tちゃんはあくまで一人で何かを完成させたかったのか、それとも今は個の世界に閉じこもって、ただ何となくブロックを並べていたかったのか、そこは今となってははっきりしない）。いずれにせよ、Tちゃんは私とノエシス的行為を交わらせることを拒み、Tちゃんと私の「あいだ」が生き生きと息づくことはなかった。

一方で、エピソード3では、まず私が何とはなしにTちゃんの両手を持って叩き始めたところ、Tちゃんもそこに乗ってきて、そこからタイミングを「はずし―はずされる」という新たな遊びが立ち上がっていった。リズムに合わせて手を叩くという行為は、まさに直前の音（ノエマ）をもとにして次のノエシス的行為（手をあるタイミングで叩く）を方向づけていく過程の繰り返しである。そのタイミングをはずすためには、通常ならば二人で次に叩きたくなるであろうタイミングを感知し、あえてそこからズレを生み出さねばならない。ということは、タイミングがはずれる場合であっても、直前の音（ノエマ）と次の行為（ノエシス）の方向性（次に叩きたくなるタイミング）は、両者に共有されていることになる。その共有があったからこそ、予期されたのと同じタイミングで音が鳴った心地よさや、それとはずれた妙なタイミングで音が鳴ったおかしさを共有できたのだろう。エピソード３の「つながり」とは、やはり両者のノエシス的行為が絡み合い、交流し合うことによって生じるメタノエシス的次元で生じていたものだと考えられる（ノエシス的行為の絡み合いが起きるために、必ずしも両者の行為そのものがぴったり同じである必要はない）。

両者のノエマ―ノエシス円環の交ざり合いのぎこちなさ

結局、たとえ同じ場にいたとしても、またその行為がいくら相手に対する好意や気遣いから発していたとしても、両者のノエシス的行為が響き合い、交流しない限りは、「つながり」は生じないのである。一方、二人で狭い空間にいながら何となく互いの存在感を感じ合っているうちに「あいだ」が息づいてきたエピソード４のように、特別に相手に向けた行為をしていなくても、「つながり」が生じてくることはあり得る。

まとめると、両者の「あいだ」が生き生きとしたものになり、実感としての「つながり」が生じるためには、それぞれの主体のノエマ―ノエシス円環の響き合い、交流が生まれる必要がある。Ｔちゃんとの「あいだ」に感じられた不安定さとは、まずは私のノエマ―ノエシス円環とTちゃんのそれとの交ざり合いのぎこちなさであったと言える。また、そのぎこちなさの原因を必ずしもTちゃんの側にのみ帰することはもちろんできないものの、やはりTちゃんのノエマ―ノエシス円環そのものが、他の子に比べてどこか円滑さを欠いたり、急に転調したり、突然断ち切れたりする場面があり、私はそこに戸惑っていたのだと考えられる。

2　「なんでもない時間」を共有すること

「他者と同じ」が「つながり」ではない

Tちゃんの事例は、「つながり」の形成のために何が必要かという私の固定観念を覆すものであった。私たちは、他者と「つながろう」とするとき、往々にして相手と共に何か同じことをしようと企図するものではないだろうか。私も、特にTちゃんに対してある種の「分からなさ」を感じ、何とかして「分かろう」とする構えが強かったときにはそうした傾向があったように思う。たとえば、お迎えを待つ最後の数人の子どもたちが、保育者の提案で保育室で簡単なボーリング遊びをしていたとき、私は、積極的にその遊びに入ってこないTちゃんに対して、「Tちゃんもやってみる?」と勧め、みんなと一緒に同じようにすることを無意識に求めていた。しかし、Tちゃんの今生きているノエマ―ノエシス円環と無関係に、表面的に皆と同じ行動をさせてみたところで「つながり」は決して生まれない。実際、このときのTちゃんは、私に勧められて一投げはしたものの、「やらない」と言ってそれ以降は一緒に遊ぼうとしなかった。

他者の空気感や場の雰囲気

むしろ，上で見たいくつかのエピソードから示唆されるのは，必ずしも行動次元で同じことをしなくても，「つながり」は形成され得るということである。相手と「同じことをする」ということよりも，「あいだ」が息づくかどうかという一種の「場性」の質感が重要な意味を持っていた。たとえば，エピソード２において，私はＴちゃんのすぐ前にいながらも，Ｔちゃんと同じ場を共有しているような感覚は得られなかった一方で，エピソード４において狭い空間でしばらく二人で過ごしているときには，違うことをしているにも関わらず，その場を二人で共有している感じが徐々に強まっていった。そこにおいては，Ｔちゃんが何を考えているのだろうとかＴちゃんは何がしたいのだろうといったように彼女の内面を探ろうとしたり，とにかく何か同じことをやろうとしたりするよりも，Ｔちゃんの纏っている空気感や，それが周囲の環境と溶け合って生み出されている場の雰囲気を感じつつ，それを壊さないということがまずもって重要だった。ある意味，私が能動的に何かを為そうとすることなしに，場自体が私とＴちゃんを導いてくれるかのように互いのノエシス的行為が噛み合っていったのである。

両者を導き自律的に動き出す「あいだ」

これはまさに，木村[9]が指摘した「あいだ」が自律的に動き出していくという事態である。二者の「あいだ」が自律的に動き出すというのは，ここまで何度も確認しているように，両者のノエシス的行為が響き合い，交流することによって，共通のメタノエシス的次元が生じてくる結果である。双方が「みずから」の意思で個別に行為しているというよりは，共通のメタノエシスの流れに沿った形で行為が「おのずから」紡ぎ出されてくる。あるいは，「みずから」の意思で為した行為が，お互いにとってごく自然なものとして受け止められていく。そのような事態が生じるとき、「あいだ」それ自体がある種の生命力を持って、両者を導いているように感じられるのである。

さらにはまた、第6章で示した「同乗する」という概念を用いて表現するとしたら、〝生命の海〟をTちゃんと私二人が同じ船に乗って、共に進むようになると言っても良い。二人で同じ船に同乗し、進んでいける波の流れができてしまったら、どちらかが意図してその船を漕がなくても、生じた流れに乗ってそのままずーっと進んでいく。そのとき、同乗する二者は必ずしも同じ行動をしている必要はない。それ自体で自律的に動き出す「あいだ」（波の流れ）が生じれば、船の上で別々なことをしていても、その場を共にする実感を得ることが可能だということである。

こうしたことから、「つながり」の形成には、それを求めて何か特別なことを共有し合おうとするよりも、その場に身を浸し、お互いの身体が響き合い連動し始めるのを待つことが重要であると言える。それは、エピソード3や4のように、「特別なんでもない時間をじっくりと共にすること」だと言えるだろう。「つながり」を求め、意識的にそれを創り出そうとしていた私からすれば、なんでもない時間を共に過ごすことで「つながり」が形成されるとはまったく思いもしないことであった。しかし実は、それがもっとも難しいことだからこそ、人は安易に「何か」を為すことによって「つながり」を創り出そうと急《せ》いてしまうのではないだろうか。Tちゃんとのかかわりでは、「あいだ」に漂う雰囲気を大切にすること、およびそれを通じて「あいだ」がある種の生命力を持って自律的に動き出してくるのを待つことの重要性を知ることとなった。

第8章 「つながり」の再形成
――父の闘病生活を共にする経験から

第6章、第7章においては、子どもとのかかわりから実感としての「つながり」がいかにして生じてくるのかを考察してきた。そこからは、①「つながり」の形成には、他者のノエマ―ノエシス円環と「私」のそれとが絡み合い、〈メタノエシス的つながり〉が生じることが必要である、②そのためには、他者との「あいだ」に漂う雰囲気を大切にし、「あいだ」が自律的にノエシス的行為を導くようになるのを待つことが必要である、という大きく二つの示唆を得ることができた。

これをもとに、以下では、私の父が突然の病のために入院生活を余儀なくされ、半年間にわたり闘病生活を共にすることとなった経験から、他者と「共にある」というあり方――「つながり」――について考察する。父の闘病生活を共にする経験は、私にとって父ともう一度「つながり」直す経験でもあった。以下では、父との「つながり」についての印象的なエピソードを第6章、第7章で導いた〈メタノエシス的つながり〉や「同乗する」、「あいだ」の自律性などの概念によって読み解き、これらの概念の射程を示していくことにする。

第1節　「つながり」直すことはいかにして可能なのか

1　父の闘病を共にする生活

序章で挙げた「母が祖母に歌う子守唄」のエピソードで、「分かる＝他者理解」とは異なる「つながり」のあり方に気づかされることとなった半年後、この問題が私にとってより切迫したものとして意味をもつこととなった。それまで風邪一つひかなかった父が命に関わる病であるということが分かり、私は父の闘病生活を常にその傍らで共に過ごし、支えることとなったのである。父の病の告知は、明日も今日と同じように訪れるという自明であった日常がいとも簡単に崩れ去る現実を突きつけ、自らの力などまったく及ばない人間の生の残酷さを思い知らされた。その闘病生活は、父本人は無論、父を支えようとする私たちも先がまったく見えない中で、ただひたすらめぐってくる今日一日を過ごし、一日、一日と重ねていく、という日々であった。

父の命の差し迫った事態に家族は浮足立ちながらも、もっとも時間的に都合のつく私が大学院を休学し、毎日父のそばで過ごす生活が始まった。風邪一つひかず、充実感に溢れて精力的に働いていた父にとって、突然大きな病を告知され検査や治療を受ける毎日を送ることは計り知れない所在のなさ、不安感があったと思う。また入院生活は、父の存在や背景をまったく知らない人々に囲まれて生活するということであり、それは病気そのものの重さとともに父の孤独感をさらに募らせるのではないかと私には感じられ、父という存在を「知っている」者として私がそばにいることが父を「一人」にしないために必要と考え、私は毎日朝から消灯の時間まで父のそばで過ごした。

検査や治療に向かうときは車椅子を押して行き、病室では良いとされている代替療法を父に施し、家で母と作ってきた玄米菜食を一緒に食べ、リハビリ室へも一緒に通った。そして快晴の日や気分転換をしたいときには、外の空気を吸いに屋上庭園に一緒に行っては、街を眺めながらいろいろなことを話すという毎日を過ごしていた。単に入院した父を見舞うとか付き添いとしてそばにいるというよりも、むしろ闘病する父と生活を共にし、共に時間を過ごしていたという方が当たっていたように思う。

父とのこうした生活は、身体が人間にとって決して取り換えが効かないただ一つのものなのであり、その身体がなければ日常生活はいとも簡単に頓挫してしまうということを痛いほど知らしめるものであり、人間が身体で生きているとはどういうことなのか、半年前に母が祖母に子守唄を歌ったときのように、他者と「共にある」ということはどういうことなのかという問いが、より切迫したものとして大きく立ち上がってきた。

結論から言えば、父との生活を通して、自らの親に子守唄を歌った母と同様の体験世界――それまではどこか違和感のあった行為――を、私自身もまた生きることとなったわけである。そのためには、「分かる」ことによって他者とノエマ的な何かの一致を求めていくことの限界を知り、ある意味、それまでの私と父とのコミュニケーションのあり方を超え出ていくことが必要だった。

＊

私が、その後他者との「つながり」について問い続けることになった発端は、この父との闘病生活の経験にあると言ってよい。だからこそ、保育園で出会う子どもたちとのかかわりにおいても、「つながり」についての問いがいつも私の中心にあったわけである。ただし、今思えば闘病生活を送る父と「つながる」ことには、第6章や第7章で取り上げた保育園の子どもたちと「つながる」こととは、また違った難しさがあったように思う。

というのも、保育園で出会った子どもたちとは異なり、私と父はそれまでも家族としてずっと「共にあった」からである。その「共にある」あり方そのものを超え出ていくことが、闘病中の父と「つながる」ためには必要だったのである。

朗らかで明るく頑健な父が、五三歳という働き盛りの時期に突如病気を宣告され、自分でもまさかの病に驚きながらも身体は現実として徐々に弱っていく。父の抱えることになったその得も言われぬ孤独と不安を私は傍らで娘なりに肌身で感じながら、どうにか支えになりたいと願っていた。そうした生活は必然的にそれまでの「親─子」の関係性に変化をもたらしていった。

以下では、闘病生活を送る父と「共にある」ということ──「つながり」──に関して印象に残っているエピソードを取り上げ、それまでの「つながり」方が維持できなくなる中で、父と私が再びどのように「つながり」、「共にある」ことができるようになったのかについて考察していくことにする。

2　事例研究の方法

取り上げるエピソードは、父の闘病生活を共に過ごすなかで、他者との「つながり」という問題に関連して私にとって示唆的であった出来事である。私がまさにこの経験のさなかを生きていたときには、研究にまとめることは予定していなかったため、日々の出来事をエピソードとして収集するということはしていなかった。したがって、以下のエピソードはそれぞれ、実際の父の闘病生活を共にした三ヶ月～半年後に回想によって記述し、考察を加えたものである。

こうした一定の時間を経た後に記述されたエピソードを「不正確」なものとして問題視する向きもあるかもしれない。しかし、先述したように、父との闘病生活はただひたすらに病気が良くなっていくことだけを目指してめぐってくる一日を過ごし、一日一日を重ねていくというものであった。そうした最中では、自らが生きている事象を一つの出来事として他から切り離して把握することは困難である。出来事とは、〝「始まり―過程―終わり」という時間的分節によって個体化可能な存在者〟であり、〝進行中の出来事の持続が現在にほかならない〟[1]。したがって、その進行中の出来事がいったん自らの中で〝終わり〟となったとき初めて、それを一つの出来事として想起し、言語化することが可能となる。もちろん、その出来事を生きた当事者として、身体に根差す実感を伴って記述するためには、その出来事の〝終わり〟から時間が経ちすぎてもまた困難となる。

つまり、想起し言語化するのに適切な時期（あるいは「正確」か「不正確」か以前に、出来事として切り出すことが可能な唯一の時期）というのがあるのである。私にとって、父とのエピソードを記述できたのは、父と「共にある」ありようがまだ身体の次元に刻まれたものとして残っていると同時に、ある程度の心理的・時間的距離をもって振り返ることのできる三ヶ月～半年後のことだったわけである。

第2節　事　例

1　父との関係性および家族構成

取り上げるエピソードは、父の闘病生活を傍らで共に過ごした二〇〇X年三月～八月の六ヶ月間における「つながり」のありようの変化として示唆的な六つの出来事である。

エピソードを見ていく前に、父の闘病生活が始まるまでの父と私との関係性について、少し触れておく。父は温厚で穏やかな性格で、精力的な仕事人でありながらも、休日にはギターや日曜大工、庭の手入れといった自分の楽しみをもっていた。娘としての私は、幼い頃からそうした父の朗らかな感じを好み、一般的に父娘関係が難しいと言われる思春期になっても、男親だからといって距離を置くわけではなく、ごく自然にかかわる関係であった。父の方も、娘だからといって気を遣って距離を置くわけではなく、私が人並みの反抗期を迎えたときも、きちんと私と顔を合わせどう行動すべきか考えるよう促す会話をする人間であった。その後も常に、そのような一定の距離を保ちつつも、必要なときにはお互いに向き合って話すという親子関係であったと言える。徐々に私自身も大人になり、よりさまざまな内容の話ができるようになってきたときに、病が判明し、闘病生活が始まることとなった。なお、家族構成は、父、母、妹、私の四人家族である。

2　エピソード

最初に提示するのは、闘病生活に入って間もない頃で、父と私がまだ「親─子」というそれまでの関係性のもとにあったときのエピソードである。この頃の私は、少し痩せて車椅子に乗っているということ以外はそれまでとまったく変わらない父の姿と、その病の医学的にみて厳しい状況とのギャップにまだうまく対応できていなかったように思う。一方の父も、まだ私を自らを支える者としてというよりもそれまで通り娘として見ているような感じであった。ただ、私としてはそうした戸惑いを感じながらも、やはりその病の大きさに直面してしっかり父を支えなくてはという思いを強くもっていた。次のエピソードはそうした状況下のものである。

❖エピソード1　「触らないで」（二〇〇X年四月初旬）

〈背景〉
この頃はまだ父は自分の車椅子を自ら押していたので、私は取り立てて何も手助けすることはなかったのだが、車椅子に乗って一人で診療へ向かう父をただ病室で待っている気にもなれず、診療や検査には常に一緒について行っていた。その日も、いつもと同じように地下の診療室で脚の治療を受け、病室へ戻るところだった。

病室と診療室との行き来はエレベーターを使っていたのだが、その時私は、エレベーターの中で父の車椅子の後ろに回り、父の両肩に手をおいていた。車椅子に座る父の後ろに立つと、私には父の頭が真下に来る。エレベーターという閉じた狭い空間なので私は車椅子の父に視線を落としていた。私にとって父が元気だったこれまで、父をそんな角度から見たこともなく、さらに車椅子に乗っているという本来の父とまったく馴染まない姿に、前向きに闘病しようとしている父が重なり、どこか切ない気持ちになって何気なく父の頭を軽く撫でた。すると父が「頭、触らんとってくれる?」と何の表情もない声で言った。私はこの父の言葉にはっとして、父の頭から手を離した。

〈考察〉

支えなくては、と先走る思い

父が命に関わる病を抱えているという事実はそれが発覚してから常に、拭い去れない大きな事実として私の頭の中を占めていた。そのために見た目はこれまでとそれほど変わらず体調も落ち着いている現状にあっても、父の姿に重い病を重ねて見てしまい、私が父を支えなくてはという思いが先走っていたように思う。この先走る思いは、私の中で「親としての父」というより「病を得て弱りゆく者」として父を見る見方が強まったために生じたものだと考えられる。それが「弱りゆく者」の頭を撫でるという行為につながってしまったのだろう。

今思い返せば、私の行為に父が「触らんとってくれる?」と言うのも当然だろう。娘に頭を撫でられたら屈辱的でさえあるかもしれない。しかし、そのときの私は、父の抱えている病がどのような結果をもたらすかということに頭を支配され、いたたまれなさを感じると同時に、車椅子に座って私より背の低くなってしまった父の姿にそのいたたまれなさを重ねあわせ、ふとそうしてしまっていた。父という他者性を有する一個の主体に自分本位の見方の膜をかぶせ、自己の内部で作り上げたイメージに基づいてそうした行為に及んでいたのだと思う。

自分の世界の中で作り上げる他者

父の「頭、触らんとってくれる?」という無表情の言葉は、そうした自分本位の世界に浸されていた私を我に返らせるものであった。身勝手な形での「寄り添い」を、あっさりと断ち切られたという感じがした。

このとき、父と私の「あいだ」では何が起きていたのだろうか。父は、これまでの「親—子」の関係性に基づいて、それまで通りのノエマ—ノエシス円環を生きていたのに対して、私の方は頭の中で「闘病する者—それを支える者」という図式を作り上げ、強引にこれまでと異なったノエマ—ノエシス円環を立ち上げようとしていた。そうした状況では、二者間にノエマ—ノエシス円環の絡み合い(メタノエシス的つながり)はなかなか生じてこない。

森岡は、他者を理解することに関して〝他者の生を私の世界の見方に引きつけて読みとってしまっては、悪しき主観性の罠にはまってしまう。あくまで他者の生活世界、その人の世界観を通じてその人を理解しなければならない〟と語っている(2)。すなわち、いくら気持ちを向けていたとしても、気持ちを向けている当の他者が、自我の観念世界の内で作り上げられた「(似非)他者」であれば、それは実際的には独我の状態であり、一個の身体を携えて現前する他者と本当の意味で「共にある」ことは不可能である。私が一方的に生きようとしていたノエマ—ノエシス円環は、感受する身体を通じて父のそれと絡み合っていくような類のものではなかったのだと思う。

このような意味において、このときの父はまだ私にとって真の他者として現れていなかったのだとも言える。あるいは、既存の「親―子」の関係性が揺らぎ、父という他者とどのように向き合ったら良いのか、測りかねていたのかもしれない。

＊

次に挙げるのは、闘病生活が始まって間もない頃は何となくぎくしゃくしていた二者が、少しずつ闘病生活に馴染んできた頃の出来事である。

◆◇◆エピソード2　ふと触れてしまう私の手（二〇〇X年五月初旬）

〈背景〉

闘病生活が落ち着いてくると、父は病院での治療がない週末は、一時帰宅して自宅で過ごすことが多かった。病院から長年住み慣れた自宅に戻ると、やはり父自身もほっとしているようであり、また私たちも自宅に父の姿があることに、一時的であれどこか平安を感じることができた。しかしやはり、以前のように精力的に日曜大工や植物の手入れなどができる体ではないので、病院で大々的にはできない民間代替療法を家族で施して過ごすことが多かった。たいてい父は、自らが手入れをしてきた庭が見える、新緑の季節の心地よい風が入ってくる和室の窓辺で横になって、代替療法をしたり、休眠をとったりしていた。私は、母と家のことをしながらもやはり病院と同じように、本を読んだり代替療法を施したりしながら父の傍らで過ごしていた。

この日も自宅に帰宅していた父は、いつものように和室の窓辺で横になって休み、私はその傍らで本を読んでいた。

窓の開けられない一七階の病室と違い、自らの育てた植物が青々と茂るのが見える場所で、窓から入ってくる心地よい風を受けながら横になって休んでいる父の寝顔を見ていると、受け入れがたい厳しい現実を静かに引き受け、毎日を送っている父の強さを思わされ、気がつくと私は横になっている父の手を取っていた。それに気づいた父は、目を開けて私を見てにこっと笑いかけてくれた。力強い笑顔ではなかったが、父らしい穏やかな微笑みから、父が寛いでいることが感じられ、ほのぼのとした嬉しさが私の中に染み渡っていった。

〈考察〉

他者の身体との対話

このエピソードに代表されるように、「いつもすでに」気持ちを父に向けながらその傍らにあった私は、闘病生活においてふとその父の身体に触れるようになっていた。このときも、父が何かを私に語りかけたわけではなく、私はただ父の傍らにいたというだけであった。しかし、横になっている父を前にして言葉にされない父の思いを感じさせられ、また私の方も言葉にできない深い次元で何かが動き、ふとその手を取っていたのである。

窓から入ってくる初夏の心地よい風を父と共に受けながら、私は、病院生活が続く中で父と自宅でそうしていられること自体に病院では感じられない安堵を感じていた。それは、見慣れた場所に父がいる安堵感といってもいいかもしれない。その安堵感は一方で、ベッドが中心に置かれた無機質な病室で過ごすことを強いられている父の現状を際立たせた。本来なら、初夏の気持ちの良いこの季節、父は庭仕事に精を出していただろうに、こうして目の前に庭があってもそうすることができない無念さや、その無念を見せない父の強さをひしひしと感じさせられたのである。そのとき私は父の手を取っていた。意識的に手を取ろうと思って取ったのではなく、意識される手前で身体が反応していたのだ。

今思えば、そうした思いを一人で抱えている父を本当に「一人」にしてしまわないように、触れることによって、父と無意識につながろうとしていたのではないだろうか。それまでの生活では、父の寝顔をまじまじと見ることなど一度もなかったが、こうして父の寝顔を見ることで父の思いが我が身に感じられるという次元のかかわりは、闘病生活を共にすることによって私に新たに開かれたものだった。

間身体的な領域

この次元に比べれば、それまでの父とのかかわりは、「父」と「娘」という既定の役割を多分に介在させたものであった。意思疎通を図るにはそれで十分であったし、「父」という役割の向こう側にいる父そのもの（一人の人間としての父）を積極的に感じる必要性もなかった。しかし命に関わる病を父が抱えてしまった現実は、これまでの私と父との「親―子」の関係性を内側から揺るがすとともに、人と人との別種の「つながり」方を要請し、私はそれを模索してこれまで以上に父との関係を丹念に生きようとするようになっていた。必然的に私は父と「つながる」感覚に敏感になっていき、そのことが、このエピソードに代表されるような「ふと触れる」というような身体を巻き込んだかかわりを導いたと思うのである。

文字通り、私の手が父の手なり肩なりに接することで私の身体と父の身体はつながれる。しかし私にとってこの「ふと触れる」という行為が「つながる」こととして意味をもつのは、それが単に身体と身体の物理的なつながりではなく、お互いへの思いを含み込んだ身体の志向性の絡み合いとして体験されたからだった。あるいは逆に、私の「ふと触れる手」は、単なる身体的な手ではなく父に寄り添おうとする思いそのものであったのだと言っても良い。このエピソードの他にも、辛い治療を終えて病室に戻りベッドで休む父の顔を見つめたとき、その手に「ふと触れてしまう」こともあった。このようなとき、私は父の姿に父のさまざまな思いを読みとり、父の身体と対話していたのだとも言える。

ただし、「思い」とは言うものの、私と父の「思い」の交流は意識の領域で為されたものではなかった。「ふと触れてしまう」私は、意識や思考以前で、感受し行為する身体としてそこにあったように思う。父と闘病生活を共にする中でより前面に出てきたのは、こうした間身体的な領域における体験であった。

眠る父の手をふと取り、またそれに穏やかな笑みを返す二人の「あいだ」は、穏やかな空気に包まれていた。私と父はこのとき、確かに同じものを生きていたのだと思う。

*

このエピソードに象徴されるように、今まで以上に間身体的な次元でかかわるようになりつつあった私と父の関係性は、徐々に変化してきていた。父は私にこれまで見せたことのない、娘の私から見ても可愛らしく感じてしまうような一面をしばしば見せるようになっていった。それは、「親―子」という確立され不動であったこれまでの関係性から、「父」「娘」という表皮が剥がれていき、純粋なる「一個の主体」と「一個の主体」としての関係性へ移行していったとも表現できるものである。次のエピソードは、そうした中で父にとって私がこれまでとは違った意味で必要な存在になりつつあることを実感させられた一場面である。

◆◇◆エピソード3　「早く帰ってきてね」（二〇〇X年五月下旬）

〈背景〉

私たちは病院での治療の他に自分たちでできる代替療法として、玄米菜食摂取という方法を取り、病院食を断って母と私が自宅で作ってきたものを父に食べてもらっていた。そのために私は週に二回ほど病院から近いお店に食料品を買いに出ていた。この日も私は、食料品を買いに病院を抜け出さねばならなかった。

この頃父は、私が常にそばにいることに感謝の言葉を伝えてくれるようになっていたが、逆に私はそんな父に一人では不安なのかな、という思いを抱かされていた。そうした父の私への思いを感じるようになっていたので、私はなんとなくいつも父を病室へ一人残して出かけるたびに後ろ髪が引かれるような気持ちになった。こういう日はいつもいつ病院を抜け出そうか迷い、父が体を休めるために一眠りしているときに行こうとすることが多かったのだが、この日は良いタイミングが見つからず、夕方になってしまっていた。なんとなく私にそばにいてほしいという父の思いを感じていたので、買い物に出ることを言い出しにくかったのである。

しかし、買い物に出なければ翌日の料理が作れないので、二人で六階にある外に出られる庭園に気分転換に行って病室へ戻ってきたとき、私は「このまま、ちょっと買い物に行ってくるね」と軽い調子で父に言った。すると父は、車椅子に乗ったままはにかんだ表情をして少しおどけた感じで「行っちゃうの？　寂しいなあ」と言うのである。以前の父には見たことのない表情で言うその言葉に私は内心驚き、少し照れくさいような気持ちになったが、その場を取り繕うように笑って「すぐ戻ってくるから」と返すと、それに対して父はまた少しおどけた感じで「早く帰ってきてね」と返答した。父のその言葉は、娘に甘えることに対する恥じらいをおどけた調子で隠しているようにも感じられたが、同時に父が本当に私にそばにいてほしいのだということを感じさせるものでもあった。

〈考察〉

父との新たなる「つながり」

これは、父と毎日病院で過ごす生活に私自身馴染んできた頃で、父にとっても私が傍らにいることが当たり前のようになってきたと感じられる頃だった。また、私が一人でやや先走って父を支えようとしていたエピソード1の頃とは異なり、父との生活に馴染んだ私は少し肩の力を抜いてそばにいることができるようになっていた。先のエピソード1の頃に比べると、父との「あいだ」に「共に病と闘う同士」のような「つながり」を感じるようにもなっていた。

父の「行っちゃうの？　寂しいなあ」という言葉は、なんとなくそばにいてほしそうだなという私の抱いていた感じが正しかったことを示すものだったが、「感じ」としてではなく、言葉にして明確に父が私に伝えてきたことに、このとき私は驚いていた。その素朴な意味での驚きと同時に、それまでの「親―子」の関係性では「守られる者」であった自分自身が、それまでと逆の「守る者」としての立場に立たされたことに対して照れてしまっていた。父にとって、私が「娘」という以上の意味をもつ他者になりつつあるように感じられ、父との「あいだ」の質感が以前とはずいぶん変化していることを図らずも知らされた形となった。その驚きと照れくささとで私は内心動揺もしていたが、その一方で父の闘病において実際に自分が必要な存在になりつつあることを感じ始めていたのも事実であった。
父の言葉は、父にとって自分が必要な存在であるということを私が独り勝手に自認しているのではなく、確かに父の生きる世界においても自分がそのような存在として立ち現われていることを実感させるものであった。そこには父との「つながり」の手応えが確かにあったのである。

＊

このように、闘病が始まってから、父と私の関係は少しずつ変化していっていた。共に時間を過ごす日々を積み重ねていく中で、親としてありながらも父は私にそれまで見せなかった心細い思いも垣間見せるようになっていった。次に挙げるエピソードは、エピソード3と同時期のもので、それまでとは明らかに異なる関係性で父と「共にある」ことができた体験である。

◈エピソード4　父の背中（二〇〇X年五月下旬）

〈背景〉

医学的に見れば非常に厳しい現実の中にあったが、私たち家族は、絶対にこの病に打ち克つのだという気迫を常に保ち過ごしていた。というよりむしろそう信じることによって自らを支えていたとも言える。父の病に関する書籍を読み漁り、良いとされていることは何でも試みる毎日であった。それらが奏功してか、元気に過ごせる日も多い一方で、やはり病は徐々に父の体力を奪っていく。そうした安定せず先の見えない現実は、父本人の闘う意欲をさらい、私たち支える者の信念をも動揺させるものであった。時に激しい無力感に苛まれたが、それでもなんとか父に寄り添いたいという思いで私は共に闘っていた。

闘病生活も二ヶ月ほど過ぎたある日の出来事である。病院にやってきた私と母が病室に入ると、父がベッドサイドに座ってこちらに背を向けた状態で窓の向こうを眺めていた。

一七階にある病室の窓からは座っている父の目線では一面に広がる空しか見えない。その空の方を何をするでもなくぼんやり眺めているのである。その背中があまりにも弱々しく私には映り、私は思わず父の隣に座り父の肩を抱いて自分の肩に父の頭をもたれさせた。すると父も何の抵抗もなく私にその身を預けてきてくれた。後ろから母が「逆じゃない」と笑いながら言ったので、少し気恥ずかしい気が蘇ってきたが、私は父の軽くなってしまった体重をしっかりと支えしばらくそのまま父を抱えていた。父が私に安心して身を任せてくれたことが嬉しかった。

〈考察〉

「親―子」の関係性を超え出て

私が家から病院にやってきて父の病室に「おはよう」と声をかけて入るとき、大抵父はベッドの上で自分でできる代替療法をしながらにこりと笑顔をこちらへ向け、「おはよう」と返事を返してくれる。しかしこの頃は治療の副作用で、座っていても横になっていても「身体の心棒がない感じだ」という強い倦怠感と闘っており、父から笑顔が出てこない数日を過ごしていた。この出来事はそうした状況において、とにかく横になっていてばかりではだめだという本人の思いから、しんどくてもとにかく座っていようと頑張っていた頃のことである。

このエピソードにおいて、父と私のあいだには言葉によるコミュニケーションは何もない。場面としては静的なものであるが、それまでとはまったく違うあり方で父と「共にある」ことができた出来事として強く印象に残っている。私が父の肩を抱くことも、そうする私に父が身を預けることも、「親―子」の関係性を生きていたかつての二人には考えられないことであった。

私の肩に頭をもたれ安心してしばらくその身を預けてきてくれたことは、私にとって父が自らの抱えている思いをもその身体と一緒に預けてきてくれたように感じられた。言葉が交わされなくとも、父の骨張って一回り小さくなった肩を抱いていると、明確に言葉で表現することのできない父の思いが伝わってくるようであった。それは、能動的に感じようと努めることによってではなく、父の身体からじわじわと伝わってくるものとして感じられるものであった。父も、私に身を預けることによって抱えきれなくなりそうな思いを私に託すことができたからこそ、安心した状態でしばらくそうしていたのではないだろうか。

「常に語っている身体」の志向性に沿う

そこには目には見えないけれども確かに二人を包み込むような一つの空気、そうすることがごく自然なことととして感じられるような「つながり」が生じていた。「父の肩を抱く―娘に自らの身を預ける」という非日常的な行為が、母の「逆じゃない」という言葉で「親―子」の関係性に引き戻されるまでそうとは気づかないほど父と私に馴染んでいたのは、それまでの「親―子」の関係性が背景化し、「共に病と闘う同士」という新たな関係性が父と私の「あいだ」の前景を占めるようになっていたからだろう。父と私双方のノエマ―ノエシス円環が絡み合い、〈メタノエシス的つながり〉が生じていたのだと考えられる。

このエピソードは、こうした〈メタノエシス的つながり〉が、感受し行為する身体（ないしは「身体―交流的態勢」）によって導かれることも示している。そもそも、この出来事は私が父の背中を弱々しく頼りなく感じたことを契機として生まれているが、そのときの私は父の背中から、単なる肉体の背面としての意味以上の、まさに言葉にならない次元にある思いを読みとっていた。

竹内は、〝「私」とは「からだ」としてここに在り世界に棲む〟のであり、その〝「からだは常に語っている」のであって、おそらく聞くものにとって、ことばが聞こえなくなる時初めて見えてくる「からだ」がある〟と述べている。(3) 言葉を介さないここでの父と私の「つながり」は、この次元でのかかわり合いによって形成されていたと言える。

「親―子」としての既存の「あいだ」を脱構築し、新たな「つながり」方を得るには、やはりまずは世界を感受し行為する身体に回帰し、「常に語っている身体」の志向性に沿うこと――〈身体―交流的態勢〉を回復すること――が出発点になるのである。

◆エピソード5　リハビリ室で（二〇〇X年六月中旬）

〈背景〉

父は病の影響で左脚を治療することになったので、入院と同時に車椅子に乗るようになっていた。風邪一つひかないほど健康体であった父が車椅子に乗る姿は、いつまでたっても私の目に馴染む光景ではなかった。見た目はまだ若いのにもかかわらず車椅子に座って移動する姿はひどく切なく感じられるものであったし、最近祖母を車椅子に乗せて散歩していたのとまったく同じことを自分の父に対してこんなにも早くしているという受け入れがたい違和感がつきまとっていた。父自身も、松葉杖でもいいから早く自分の脚で歩きたい気持ちが強く、脚を治療する担当の医師が来るたびに「筋肉が落ちているけど歩けるようになるのか」とか「松葉杖にしてもいいか」ということを聞いていた。また、自分の意志ではどうにもならないと感じている病の中にあって、リハビリが唯一父にとって積極的に元の自分に近づける道として感じられていたのだと思う。単調な病院での生活の中で「リハビリが一番楽しみ」とよく言って、私と二人でリハビリ室に通い、理学療法士の下でまずは筋肉を取り戻すところから始めていた。私も父の横で、脚を上げる運動のときなどは数を数える声をかけながら同じように運動していた。

この日も父のリハビリに付き添い、すっかり筋肉の落ちてしまった脚で歩く練習をしていたときのことである。脚の治療が終わり数日前から再び自分の脚で歩く練習が始まっていた。父自身も歩けることを楽しみにしていたし、私も父がまた自分の脚で歩く姿が見られるので二人にとってリハビリは一日の中でもっとも刺激的な時間になっていた。関節を柔らかくするリハビリを終えて、いよいよリハビリ室を一周歩く練習に入った。

父の横で私は父に歩幅を合わせて歩き出したのだが、それまで車椅子生活が二ヶ月ほど続いていたため、一緒に歩きながら父が自分の脚で立って歩いている姿に感激と嬉しさがじわじわとこみ上げて来ていた。父自身も慎重にではあるが、自分の脚で再び一歩一歩歩けることが心底嬉しそうで顔が紅潮していた。

父と肩を並べて歩いているうちにだんだん気持ちが弾んできた私の口から突然、「歩こう、歩こう、私は元気～」という、映画『となりのトトロ』の『さんぽ』という歌が出て来た。この歌は、父に病が判ってから、一時帰宅して自宅で過ごすときに家族の気持ちを明るくしようという思いもあって、よく家でかけていた曲のうちの一つであった。だから、父も歌詞まで覚えてしまっていたのだろう。なんと私の歌を受けて「歩くの、大好き」とその続きを一緒に歌い出してくれたのだ。私と父はそのままその曲を一緒に歌いながらリズムに乗って歩く練習を続けた。入院生活に入ってから父を乗せて車椅子を押していた私は父と同じ目の高さで一緒に再び歩いていることが体の芯から嬉しく、父と声を合わせて歌いながら闘病生活の中での小さな幸せを噛み締めていた。

〈考察〉

これまでとは異なる父との「あいだ」で

静的な印象のエピソード4と異なり、このエピソードは、動的な動きを伴って父と「共にある」ことができた場面である。父という一人の人間としっかりつながれているという手応えがあり、特に忘れ難いものとなった。

車椅子生活で落ちてしまった筋肉をつけるリハビリを一ヶ月ほど続けたあと、ようやく医師からも理学療法士からも歩行訓練の許可が下りて、待ちに待っていた自分の脚で歩く練習を始めて数日後であった。入院後初めて自分の脚で歩いてみた初日は、予想以上に筋肉が落ちてしまった中で父自身も私もどのくらい歩けるのか、やや緊張していたこともあって、その様子は二人で歩いているというよりも父が歩くのに私が傍らで付き添っているという感じであった。しかし父は、理学療法士の先生が「初日にしては安心できる」と言うほど意外と安定して歩けたので、数日後のこの日はすでに「一緒に歩いている」という感じができてきていた。ゆっくりではあるが安定して歩いている父を隣にして、私には父と一緒の目線で肩を並べて歩く懐かしい感覚がじんわりと蘇ってきていた。それと同時に父の紅潮した顔や一歩一歩踏みしめて歩く様子が、これまで自分の脚を奪われたかのように車椅子生活を強いられていた間、父がどんな気持ちであったかということを感じさせ、今再び父が自分の脚で歩いていることに胸が熱くなっていた。

そうした胸が高鳴る思いが、一緒に歩いているうちに私の身体全体に満ちてきて、一時帰宅したときに父と自宅で一緒に聞いていた『さんぽ』という歌がふと口をついて出たのである。おそらく、自宅でこの歌をかけて家族で寛いでいるときの「あいだ」と同様の空気感がこのときの私たちを包んでおり、私に自然とこの歌を口にさせたのではないかと考えられる。久しぶりに同じ目線で歩くことのできた父を隣にして、無機質な病室ではなく、長年家族で過ごしてきた自宅で父といるような感じに知らず知らずのうちに浸されていたのだろう。また、「歩こう、歩こう、私は元気、歩くの大好き、どんどん行こう」という歌詞は、闘病生活において初めて前向きな光が見えたような気がしたそのときの私の気持ちにぴったりと当てはまり、私はただの鼻歌のようにではなくその歌詞を味わいながら歌っていた。

もともと歌の好きな父が自宅でギターを弾きながら歌を歌うことはあっても、私が父の横で歌を歌うようなことはこれまでまずなかった。このこと一つとっても、これまでの「親―子」の関係性では決して働かないノエシス的行為を、このときの私が為していたことが分かる。それに加えて父までもそうした私の行為に同調して一緒に歌い始めたのは、これまでとは異なる「あいだ」がすでに開かれていたことによるのだろう。私の胸高鳴る思いが身体をはみ出すかたちとして現れ、歌となり、しばらくぶりに自らの足で歩け、文字通り前向きに前進する力を再び見出したかのような父の身体の力動感と連動し合っていた。木村が挙げた合奏の例（第2章参照）とちょうど同じように、父と私のノエマ―ノエシス円環が絡み合い、〈メタノエシス的つながり〉を形成していたのだと考えられる。

◆エピソード６　父にとっての私（二〇〇Ｘ年八月中旬）

〈背景〉

闘病生活も五ヶ月目に入ると、私は父の闘病をもっとも身近で共にしてきた者として父に寄り添い、「共にある」ことに自信をもつようになっていた。この頃父は病院で治療することも特にはなく、週の大半は自宅で過ごすようになっていたが、やはり病の影響で体力が落ちてきていた。顔つきも言動もやや頼りないものになってきたことで、闘病が始まった頃の以前と変わらない父と比べ、病を抱えていることが第三者から見てもはっきり分かるようになってしまっていた。

また、座っていたり横になったりして過ごす時間が多い中で、痩せて肉が落ちてしまったことによって臀部の尾てい骨のあたりに小さな傷ができてしまっており、自宅でそのことを知った私は、病院に戻ったら看護師に見てもらい処置をしてもらおうと話していた。このエピソードは、父がそうした一時帰宅をして数日ぶりに病院に戻ったときの病室での一場面である。この日は普段は東京で働いている妹が帰宅しており、夜、父を二人で病院に送ってきていた。

いつものように父を車椅子で病室に連れてきたあと、私はその病院の車椅子をもとの場所に戻しに行っていた。だいたいいつもその間に看護師が父を訪れ、自宅での様子を聞いたり次の日からの検査の予定を告げたりする。この日は、私が車椅子を戻しにいっている間に臀部の傷の処置をしてもらったようで、私が病室に戻ると父はベッドサイドに座っていた。すると妹が「まきちゃん（私のこと）に傷見てもらうってお父さん言ってるよ」と言うのである。今看護師が傷の処置をしてくれていたのになぜ私に見てほしいのだろうと不思議に思ったが、父も「まき、ちょっと見てくれる?」と言って、傷を見せようとする。私はただただ不思議に思いながらも父が真剣な顔で私に自分の傷を見てもらおうと体勢を変えるので、一応、父が見せる傷を腰をかがめて見て、「大丈夫だよ、処置してくれてあるから」と伝えた。確かに傷にはきちんと消毒薬が塗ってあり処置されていた。するとその父は「そう」と言って安心したように、ズボンをやっと上げた。父の「見てくれる?」という言葉が不思議だった私は、病院から帰るときに妹に「なんで、看護師さんに処置してもらったのに私に見てほしいって言ったのかな」と聞くと、妹は「まきちゃんに確認してほしかったんだよ」と言った。

〈考察〉

父と私とのあいだの固有の関係性

この出来事は、先に挙げてきたエピソードと同様に闘病生活の中で忘れられない一場面として心に刻まれている。明らかに、闘病生活に入って間もない頃のエピソード1「触らないで」のときの私と父との関係性ではなくなっていることが分かる。闘病生活において私が常に傍らにいる存在として認められていることは、ここに至るまでのかかわりから感じていたが、この出来事は父にとっての私の存在がどのようなものなのか、あらためて考えさせられるものであった。

父はなぜ、看護師に自らの傷を診てもらい処置を受けたにもかかわらず私に傷を見てほしがっていたのだろう。妹の言葉を聞いて私はまずこの疑問を感じていた。心の中では、私が車椅子を戻しに行っている間に看護師が処置しているそばには妹がいたはずなのに、その妹ではなくて私に見てほしいと言ったことに、何か漠然と「私と父とのあいだの固有の関係性」のようなものを感じて少し嬉しくもあったが、ただ、やはりそれ以上になぜ処置を終えた傷を見てほしがるのかが不思議であった。

「見てくれる?」と言って腰を上げる父の表情はとても真剣で、その言葉の通り、私に傷を見てほしいという思いが伝わってきた。診療の専門家である看護師が処置を済ませたら、傷の処置においてまったくの素人の私が施すことなど何もないのは明らかである。それでも父は私に傷を見てほしがり、訝りながらも私が傷を確認すると、やっと安心してズボンを上げた。

すでに完全に処置されていたことを考えても、傷を「見てくれる?」という父の言葉には、何か言外の意味があるように感じられた。さらに、一緒にいる妹ではなくて「私に」見てほしがったということも、「なぜ私が?」「私が見ることがどんな意味があるのだろう」と不思議に思った要因である。

父の中に存在する自分に出会う

そうした分からなさから、帰りに父の真意を妹に聞いてみることになったのだが、そのときの妹の「まきちゃんに確認してほしかったんだよ」という言葉で私はようやく何か腑に落ちるものを感じた。というのは、妹の言葉が「私と父との固有の関係性」という先ほどのかすかな感覚をより確かなものとして際立たせ、父にとっては「私に」見てもらうということが重要だったのかもしれないということが何となく分かったからであった。

看護師でもなく妹でもなくこの「私」であるということは父にとってどのような意味があったのだろうか。本来の「親―子」の関係性に立てば、自らの娘に見せることを躊躇するだろう傷口の場所を考えても、はっきりと「見てくれる?」と依頼したのは、私が常に父の傍らにいて五ヶ月あまりの闘病を毎日共にしてきたことがやはり大きいだろう。恐らく父は、闘病を共にするパートナーとしての私に、自らの傷の状態を知っておいてほしかったのだろう。「まきちゃんに確認してほしかったんだよ」という妹の言葉に、父からも周りからも自分がそのような存在として認められているのだということを、改めて強く感じることとなった。

私にとってこの出来事は、父の中に存在する自分に出会ったかのような体験として感じられ、自分が父という他者の中に確かに生きていることを実感させるものであった。他者の世界の中に生きている自分を、ありのままの自分が素直に、ごく自然に引き受けているとき、他者との「つながり」の実感が得られるということなのかもしれない。

第3節　事例のまとめ

1　感受し行為する身体への回帰

父と「つながり」直す中で

父と共に過ごした闘病生活におけるエピソードを六つ挙げ、私と父が従来の「親―子」の関係性のみでは「共にある」ことが難しくなった状況の中で、いかにして「つながり」直し、「共にある」ことができるようになっていったのかについて、第6章、第7章で提示した諸概念を適宜援用しつつ考察した。こうして振り返ってみてやはりまず指摘できるのは、世界を感受する身体に回帰し、身体の志向性に沿ってノエシス的行為を為すこと〈身体―交流的態勢〉を回復すること）の重要性である。

突然の父の病が明らかになった当初、私と父との関係性はそれまでの「親―子」としてのそれの色合いを強く残しており、両者になかなか「つながり」は生まれてこなかった。エピソード1に見たように、私の側では自分の頭の中だけで作り上げた「病に弱りゆく者」のイメージを勝手に父に投影し、父の生きる世界とはまったく噛みあわないノエシス的行為を為していたのだと考えられる。言い換えれば、私のノエマ―ノエシス円環は個人内で空回りしているのみであった。

それが、半年間の闘病生活を経てエピソード6のような手応えある「つながり」にまで至ったわけだが、そのためにはやはりまず身体の志向性に導かれるようにして父にかかわっていくことが原点であったと思うのである。それによって、共に過ごす時間が長くなるにつれ、ノエマ―ノエシス円環の響き合い、交流が自然と起こっていき、結果として既存の「親―子」の関係性をはみ出すような新たな関係性が生じてきた。

もちろん、父と私のあいだに「親―子」の関係性がまったくなくなったわけではない。どんなに弱々しく見えてもやはり父は変わらず父であり、闘病生活の当初の頃においても、また亡くなる直前においても、「父」として「娘」である私を心配する言葉を父はかけ続けた。しかし、そうした「親―子」関係の色合いを残しつつも、私と父との「あいだ」には一人の人間同士としての、あるいは共に病と闘うパートナーとしての新たな関係性が立ち上がってきたのである。

身体のあり方の変化

それができあがってくる過程で、私は、言わば身体のあり方を根本的に変えざるを得なかった。これまでの「親―子」関係において父とのあいだにあった適度な距離感に固執するのでもなく、エピソード1のように自分の頭の中で作り上げたイメージを一方的に投影するのでもなく、まずはとにかく父の「常に語っている身体」に反応していくことが出発点となった。父との闘病生活は、私にとって、それまでにないほど長い時間、父の傍らにいることとなった経験であった。当然、沈黙の時間も多かった。しかし、重い病を背負ってしまったという事実そのものが、自ずと、とにかく父に寄り添おうという思いを私に抱かせた。そうした中で、私は自然と父の身体に呼応するような身体の構え〈〈身体―交流的態勢〉〉へと導かれていったのだと思う。

今思えば、序章で見た苦しむ祖母を前にして子守唄を歌い出した母もまた、このような〈身体―交流的態勢〉にあったのではないだろうか。父に対する私と、祖母に対する母とで共通するのは、既存の「親―子」関係の枠組みに囚われず、身体の自然な働きに身をゆだね、場を同じくしている他者の生きるノエマ―ノエシス円環に「同乗」していたことであったと考えられる。

父との「共にある」実感

「親―子」の関係性にあったとき、すでに成人した私と父との「あいだ」では、言語を媒介としてノエマ的表象のやり取りをすることが日常的となっていた。それゆえ私の身体は、父の「常に語っている身体」に鋭敏に反応できるような構えを必ずしもとっていなかったと思う。しかし、身体の存在が否応でも前面に出てくる闘病生活では、それまでとは異なり、父も私も世界を感受し行為する身体の志向性に導かれるように振る舞ってしまう場面が自然と多くなり、父と私の「あいだ」に「共に病と闘う同士」という新たな関係性が立ち上がっていったのだと言える。

エピソード5で、大人である父娘が歌を歌いながら歩くということができたのも、このような新たな

「あいだ」を形成することができたからこそであろう。第7章において、「あいだ」そのものが両者を導いてくれるような生命力をもつことがあることに言及したが、まさにこのときの二人はその場の雰囲気に導かれるようにして歌を歌っていた。そうすることが互いにとってまったく自然であった。

　母が祖母に子守唄を歌ったときには違和感を感じた私であったが、父と闘病生活を共にすることを通して、気がつけば母の当時のその行為がまったく不思議ではなくなっていた。自らも母と非常に似通った行為を為しつつ、父と「共にある」という実感を得ていたのである。

2　他者の他者性を引き受けること

他者には他者の生きている世界があること

　父との闘病生活の体験は、「つながり」に関してもう一つ重要なことを教えてくれた。それは、他者の他者性を引き受けるということである。まずもって他者の他者性を引き受けなければ、そこに「つながり」は生まれてこない。

　たとえば父と私の関係においては、エピソード1の「触らんとってくれる?」のような父という他者の厳然たる他者性が眼前に立ち現れる事態こそが重要な契機となったように思う。すなわち、エピソード1において単純に私が父とのかかわりに失敗した、父の頭に触れなければよかったということではなく、「触らんとってくれる?」という言葉に出合った事態そのものをきちんと受け止め直していく点に、父と私の関係が深まっていく端緒があったということである。

　このときの私は、決して父に配慮していなかったわけではなかった。父の頭をふと撫でたのは、むしろ父に寄り添いたいという思いから為された行為であった。これが結果的には、父の生きている世界と響き合わず、「触らないで」と拒否されることとなってしまったのだが、こうした他者の生きている世界とのズレの感覚は、他者と「つながっていく」途上では不可避である。〈身体―交流的態勢〉にあればすぐに他者と「つながれる」わけではない。そうした身体のあり方を保ちつつも、逆に「つながり」につまずき、他者との生きている世界のズレに気づくことが、両者の関係を深めていくことになる。自らのノエシス的行為が他者のノエシス的行為と絡み合ったり絡み合えなかったりする力動的な過程を経て、徐々に身体のあり方が調整され、両者がより深い次元で「つながり」、「共にある」ことができるようになっていくのではないだろうか。

「同じ世界を生きる」の意味するところ

なお、ここまでいくつかの事例において、「つながり」が生じている事態を形容するものとして「同じ世界を生きる」とか「同じものを生きる」といった表現を用いてきたが（一六五、一六六、一八四、二一三頁等参照）、それは必ずしも二者の生きる世界が寸分違わず重なり合っているということ――両者の生きるノエマ―ノエシス円環が完全に重なり合って、同じノエマ、同じノエシスを産出していっているといったこと――を言いたいわけではない。先に相手のノエマ―ノエシス円環に「同乗」しているときに必ずしも相手と同じ行為をしている必要はないという点に注意を促したが（一九九頁参照）、それぞれが独自のノエマ的表象やノエシス的行為を生み出しつつも、両者のノエシス的行為の方向性が絡み合うという事態が生じ得る。そのような「メタノエシス的つながり」が生じると、相手がそのような行為をしているということがこちらにとってもごく自然なこととして感じられる。「同じ世界を生きる」

「同じものを生きる」というのは、そのような事態を指すための表現である。

他者が、自らとは異なる身体でその世界を生きている限り、他者に生きられている世界と自らが生きている世界は根本的には異なるものであることを自覚せねばならない。むしろ、他者と生きている世界が違うからこそ、それぞれの世界が響き合い、互いのノエシス的行為が絡み合ったとき、絶対的な他性を有する他者と「共にあれた」喜びとして私たちの中に刻まれるのではないだろうか。

エピソード1の「触らないで」は、私にとって父という他者の世界に出合うという経験であり、その絶対的な他性をまず認めてこそ「つながり」の可能性が開かれてくることを知らしめるものであった。その一方で、闘病も半年を経たエピソード6の「父にとっての私」の出来事は、他者としての父の世界において自分が今やどういう存在としてあるかに気づかされる経験となった。他者としての父の世界を十分考慮に入れていなかったときには気づかれることのなかった「父にとっての私」を、実際に目の当たりにするようなパースペクティブに立たされたわけである。眼前に開かれている世界が他者によっても生きられており、自らの生きている世界が唯一の世界ではないことを踏まえつつ、その二つの世界の交わりにおいて共通の意味をもって立ち現れてくる固有の関係性――ここでは、「共に病と闘う同士」としてのそれ――を生きることができるとき、「つながり」の実感が生まれるのだと考えられる。

終　章　他者と「共にある」こととしての「つながり」

第1章では、これまでの心理学において広く「他者理解」に関する研究として括られる一群の研究、とりわけ「共感（empathy）」および「間主観性（intersubjectivity）」という概念をめぐって為されてきた諸研究を概観した。他者と「共にある」というあり方――「つながり」――の内実を明らかにしようとする本書にとって、それらの諸研究に見出された問題は以下のようなものであった。

①実証的心理学における共感は、明確な輪郭をもった感情への共感を問題としており、未だ輪郭を持たない、身体的次元で実感される「つながり」は扱われてこなかった。

②臨床心理学における共感は、主体が能動的に行うものとしての共感のみが問題にされ、ときに受動の相のもとに実感される「つながり」はやはり扱われてこなかった。

③臨床心理学における間主観性は、「感じる」次元に着目している点で一定の意義を有するものの、そこではまだ自他の区別が潜在的に前提とされ、「共にある」二者の、自他の区別を前提としない「つながり」について十分な議論は行われてこなかった。

④発達研究における間主観性は、非言語的な領域を重視しながらも、自己と他者それぞれの内面

にあるノエマ的な表象の一致ということに焦点化しており、相手のことが分からない場合も含めて私たちがいかに他者とかかわり、「つながる」ことが可能となるのかについては明らかにしてこなかった。

いかなるときに他者と「共にある」というあり方――「つながり」――が実感されるのかを明らかにしようとする本書の立場は、こうした従来の問題を乗り越えるため、世界を感受しつつ行為する「ノエシス的行為者としての身体」の次元に着目し、その次元で何が起こっているのかを明らかにしようというものであった。

そこで、第6章・第7章では、保育園での子どもたちとのかかわりから、「つながり」が成立するための諸条件について考察をした。さらに、第8章では、そこで導いた概念を用いながら、実父と闘病生活を共にする中で印象的な「つながり」が感じられたエピソードを読み解き、これらの概念の意味するところをより明確にした。本章では総合考察として、ここまで行ってきた議論をもとに、①質感的世界を感受することの重要性、②人間をノエシス的行為者という動的な存在として受け止め、かかわることの重要性の二点について、さらに考察を深めることとする。まずはその前に、本書の特徴でもある、かかわりの内側から「つながり」を問うというアプローチについて確認しておきたい。

第1節　かかわりの内側から「つながり」を問うこと

本書では、私と保育園児、私と実父とのかかわりから他者と「共にある」ということ――「つながり」――がいかにして可能になるかを明らかにしてきたが、そこでの議論は、研究者である私が誰かと誰かのかかわりの外側に立ってその「つながり」を問うというよりは、研究者である私自身が生きた「つながり」の内側から、その内実を問うものであった。つまり、単純にそこに居合わせるという意味を超えて、その場で生きている人々にかかわり、そこに巻き込まれる中で見えてくる「つながり」を明らかにしていこうというアプローチである。

一人の生活者としての研究者の体験から考えること

これは、たとえばスターンが親と子の情動調律を外側から見て、そのありようを研究した態度（第1章参照）と決定的に異なる。かかわりの外側に立ってそこで生じている事象を観察するような研究と本書のもっとも異なる点は、研究者自身が、目の前の他者に寄り添いその者を受け止めようと志向するところにある。鯨岡は、目に見えない心のありようを捉えるためには、目に見える客観主義的な行動から他者を観るのではなく、互いの心の動きやその場の雰囲気を含んだ〝接面〟で生じていることに目を向けることが重要となると述べている。(1)この「接面」とは、人が人とかかわりさえすれば自動的にできるものではなく、心を相手に寄り添わせることによってつくられるものだという。

Sちゃんと「共にある」ときの特有の「柔らかな感じ」（第6章参照）も、Tちゃんとの「あいだ」に感じられた硬く無機質な距離感（第7章参照）も、父の背中から感じられた言葉にならない父の思い（第8章参照）も、すべて外側に立っていては捉えられないもの、相手との関係にわが身を投入し、寄り添おうとする中でこそ生じてきたものであった。このようなかかわりの「接面」において初めて、相手が世界をどのように感じ、世界とどのように交わりながら生きているかが見えてくる。相手の生きている〈私―世界―他者〉系と、こちら側のそれとがどのような関係にあるかを問うこと、そこにこそ他者との「つながり」の本質に迫る糸口があるのである。

西村は、看護師たちが植物状態の患者とのかかわりにおいて、〝自分の感覚や行為が患者さんの状態の理解をそのまま表している〟と述べていることに注目している。[2] たとえば、手術内容の説明を植物状態の患者へ行うときの自分の説明の仕方によって、自分自身が目の前の患者をどのように理解していたかにあらためて気づかされるというのである。これは、「このように説明しよう」といった意図や思考以前のところで、身体によって為されるノエシス的行為が相手のありようと不可避的に絡み合っていることを端的に示す例ではないだろうか。さまざまなことを感受しながら行為する身体を介してこそ「つながり」は形成されるし、それを研究の俎上に乗せていくこともできるのである。

本書は、園児や父とのかかわりの「接面」から「つながり」の内実を問うという点で、これまでの研究にはなかった視点に立ったものであり、私たちの日々の実感により即した「つながり」のあり方を明らかにしようとしたものだと言える。

第2節　質感的世界の感受

1　かかわりの「手応え」の重要性

「他者とかかわる」とはどういうことなのか

本書において他者と「共にある」というあり方――「つながり」――を明らかにしていく中で、私の考察の指針となったのは、かかわりの「手応え」とでも言うべきものであった。他者とかかわると言うとき、私たちは、他者と顔を合わせ言葉を交わせば、とりあえずは「かかわった」と言ってしまうことができるだろう。しかし、実際のところ、果たしてかかわったという手応えを得られるかかわりはどれほどあるだろうか。

たとえば、第7章の事例のTちゃんの場合、私はなかなかTちゃんと「かかわった」という感覚がもてずにいた時期があったが、彼女を頭で「分かろう」とすることをいったん据え置いて、彼女との「あいだ」に漂う雰囲気を大切にしながら、その場に身を任せていくことで、互いの身体が連動し、結果的に「つながれた」という手応えを得ることができた。他者とかかわるというのは、単純に顔を合わせ言葉を交わすことではなく、本来、眼前の他者と身体的次元でそのような深い交流を行うことであろう。そのような響き合い、交流が生じるとき、たしかにかかわったという手応えが残るのである。

さまざまな情報ツールを用いて、常に他者と連絡を取り合おうとする近年の若者の動向も、このかかわりの手応えへの渇望に起因するように思えてならない。いくら数多くの人間と顔を合わせ言葉を交わしたとしても、かかわったという手応えが明確に身体の次元で残らないと、その関係性は希薄なものに過ぎないと言わざるを得ない。

「あいだ」の質感への感受性

では、身体的次元での他者との交流を回復していくために、一体何が鍵となるのだろうか。「身体―交流的態勢」を取り戻し、他者の世界との交わり方に「同乗」していくこと。あるいは、相手との「あいだ」に漂う空気感を大切にし、「あいだ」に導かれるように振る舞っていくこと。本書でいくつかの表現を用いてきたが、それらは要するにかかわりの場に必ず存在する質感的世界を感受することの重要性に目を向けるためのものであった。この質感的世界を媒介にしないと、「つながり」は生まれてこない。

たとえば、第6章の事例でSちゃんが口にした「ふわふわ〜って」という言葉は、他者との「あいだ」がまず何よりも質感として体験されるものだということを如実に物語っている。大人のコミュニケーションではしばしば言語的情報が正しく伝達されたか否かという点に重きが置かれるので、ふだんその質感は背景に退いていることが多いが、実際は、私たちは「いつも、すでに」、他者との「あいだ」の質感を必ず身体のどこかで感じとっているのだと思われる。この質感に対する感受性を高め、それを無理に変更しようとしたり、壊したりすることなく、身体の志向性に沿って行為することが、「つながり」の端緒を開いていくのである。

ちなみに、手応えのあるかかわりには、ある独特の質感が伴われている。一言で言えば、その場が

「二人でいる」という空気で満たされているような感じ、あるいは自分と相手双方がそこに「ちゃんといる」という感じである。

木村は、他者の前に〝ちゃんといる〟というあり方について、〝中動態〟という言葉を用いて言及している。(3)「中動態」とは、能動でも受動でもない日本語が持つもう一つのモードだという。たとえば、「見る」でも「見られる」でもない「見える」という状態もその一つである。そして、他者の前に「ちゃんといる」というこの「いる」状態も中動態であるという。「あいだ」の質感を感受し、身体の志向性に沿って素直に行動している状態、つまりは他者の前に「ちゃんといる」という状態にあるとき、そこにいる者は一方的な能動の主体でも一方的な受動の主体でもないのだと考えられる。

2　「目に見えないこと」への感受性を開く

目に見えることに引っ張られる私たち

質感的世界を感受することの重要性を述べたが、これは言い換えれば「目に見えない」ことへの感受性を開くことだとも言える。本書を通して、私は自らがいかに目に見えることに引っ張られてものごとを捉えているかということと同時に、明確には目に見えないことの内に、他者との関係を動かしていく契機があることに気づかされた。このことについても少し触れておきたい。

これまでの心理学研究が、数値的データや行動観察データを重視してきたように、私たちは日常においても目に見えることを重視してものごとを認識しがちである。私も、第6章の事例のSちゃんが友達にすぐに手を出してしまうことに関して、その可視的行動面ばかりが気になり、Sちゃんの内面に育ちつつある心を十分に感じられていなかった側面があったし、第7章の事例のTちゃんとのかかわりにおいても、みんなの遊びに一緒に入れればTちゃんも楽しいだろうという安易な考え方の下に、Tちゃんを促したりすることもあった。

質感的世界をどう捉えるのか

目に見えることに注意を傾けていくとき、そこにはものごとを対象化する姿勢が生まれやすくなる。ひとたび対象化する主体と対象化される客体という主客分立の構造を持ち込めば、もはや切り分けられた主体と客体の「つながり」は正確には論じえない。「つながり」はその主客分立以前の現象である。それを捉えるためには、むしろ目に見えないことへの感受性を研ぎ澄ましていく必要がある。

中田は、シュミッツを参考にしながら〝感情は、心という内面に閉じ込められてはおらず、そこからあふれでて、空間的なものとして周囲に伸び広がっている〟として〝世界が表情をおびる〟と論じている[4]。中田が言う「感情」も「表情」も、客観的に目に見えるようなものではない。しかし、その場を共にする者の「あいだ」には、確かにこうした「表情」をおびた世界が展開しているのである。そして、重要なのは、こうした表情を帯びた世界——質感的世界——が、ただそこにいるのみではなく、各々がノエシス的行為者としての身体を生きる中でしか開かれてこないということである。

たとえば、勝浦は、発達障がいのある子どもたちとの関係形成において、彼らには彼ら独特の世界の〝捉え方〟や〝感じ方〟があることを明らかにし、彼らとつながるには〝彼らのそうした体験をなぞるようにして理解していくこと〟が重要であると論じている[5]。SちゃんやTちゃんだけでなく保育園で出会った子どもたちとのかかわりを思い返すと、これは、障がいのある子どものみでなく子ども一般、広くは人間一般に通じることだと考えられる。勝浦の言う、他者の独特の世界の「捉え方」や「感じ方」という目に見えないものを、他者と共にノエシス的行為を為す中で、この身をもって捉えていくことが重要なのである。

第3節　主体を動的な存在として見る

1 〝生命の海〟を分有することとしての「つながり」

「つながり」の形成に重要なメタノエシス的機能

ここまで感受し行為するノエシス的行為者としての身体に立ち返り、「目に見えないこと」――質感的世界――への感受性を開く必要性を述べてきた。そこでの議論の中でも見えてきたことであるが、他者と「共にある」というあり方――「つながり」――は、場性というものと深く結びついている。

ここでいう場とは、臨床心理学における間主観性理論が焦点を当てたような言葉化されることによって形成される場（第1章参照）ではなく、ノエシス的行為者としての身体がかかわり合うことによって生じる独特の雰囲気や空気感を纏った場――本書ではそうした場性を強調したいとき、その場のことを特に「あいだ」と呼んだ――のことである。第Ⅲ部の三つの事例から明らかになったように、実感としての「つながり」の形成は、従来の「他者理解」が焦点化してきた他者との内的なものの一致のみで説明し尽くされるものではない。むしろ、Sちゃんは Sちゃんとして、Tちゃんは Tちゃんとして、また父は父として、私は私として振る舞うことの内に「つながり」は形成されていったのである。つまり、二者の間での何らかの「一致」ということなどに拘らなくても、個々人のノエマ―ノエシス円環が何らかの仕方で絡み合っていけば、そこに「つながり」への契機は生まれるということだ。言い換えれば、二者のノエシス的行為が折り合わさってメタノエシス的機能が働くとき、「あいだ」が息づき、「あいだ」そのものによって身体が導かれていくような事態が生じる。このメタノエシス的機能が、「つながり」の形成に重要な意味をもっているというのが、本書の主張の要点である。

各々のノエシス的行為とメタノエシス的機能との関係

メタノエシス的機能と各々のノエシス的行為とにはどんな関係があるのだろうか。これについてもう少し整理しておく必要があるだろう。

木村は、〝自分にとっては他なるものであるはずの状況全体の流れが、自分の思考に時間的にも方向指示的にも先行し、自分の行動を強く拘束している〟と言わなくてはならない状況が存在することに言及し、これを〝ノエシスに先行するメタノエシス〟と呼んでいる(6)。例として、自分が自発的に口にした考えが、実はその場の雰囲気や流れの中で出てきたものであることや、同郷の幼馴染に会った途端に故郷の方言で話し始めていることなどが挙げられている。本書で取り上げたエピソードの多くに、このメタノエシスの働きがよく現れている。

第7章の事例のエピソード4において、園庭の隅で私がTちゃんと徐々に「二人でいる」という手応えを感じ、園庭へ繰り出すことになった経緯もその一つである。そこでは、Tちゃんも私もそれぞれのノエシス的行為を為しているのだが、実は、各自のノエシスに先行して、すでにメタノエシス的機能が働き始めていたのだと言える。だからこそ、私は鉢に水をやりTちゃんは三輪車で遊ぶという別々なことをしていても、園庭の隅で少しずつ変化していくTちゃんの様子に「そろそろ大丈夫かな」と自然と感じることができ、自ら意図してではなく、導かれるようにしてTちゃんを園庭へ誘い出す行為に誘われたのだろう。各々のノエシス的行為に先行して、すでに潜在的にメタノエシスが働いており、それが個々人のノエシス的行為を導き、さらなる絡み合いを誘うのである。そして、両者のノエシス的行為がより本格的に絡み合い始めれば、各々の次のノエシス的行為はさらにメタノエシスの働きに沿って繰り出されていくことになる。

第8章で考察した父の闘病生活を共にした生活において進行していたのは、まさにこのプロセスであった。来る日も来る日も病室で父と過ごす日々は、闘病という言わば一つのメタノエシス的歯車の中でそれぞれが日々思い思いに過ごす日々であった。日中などは、狭い病室で父も何か作業をしていてその傍らで私もまた別なことをしているというように、二者のあいだに何らかの「一致」ということが必要になることはなかった。にもかかわらず、闘病生活が続く中で、父と私は一つのメタノエシス的な場を生きることが可能となり、やがて従前の「親―子」関係を超え出るような「共に病と闘う同士」の関係が形作られていった。

従来の「他者理解」と実感としての「つながり」の違い

序章において、〈私―世界―他者〉を一つの系として生きている人間の生身のありようとして小澤[7]の〝生命の海〟のイメージを提示していた。ここまでに論じた他者と「共にある」というあり方――「つながり」――をこの生命の海のイメージに引きつけて、従来の「他者理解＝分かる」を扱ってきた研究

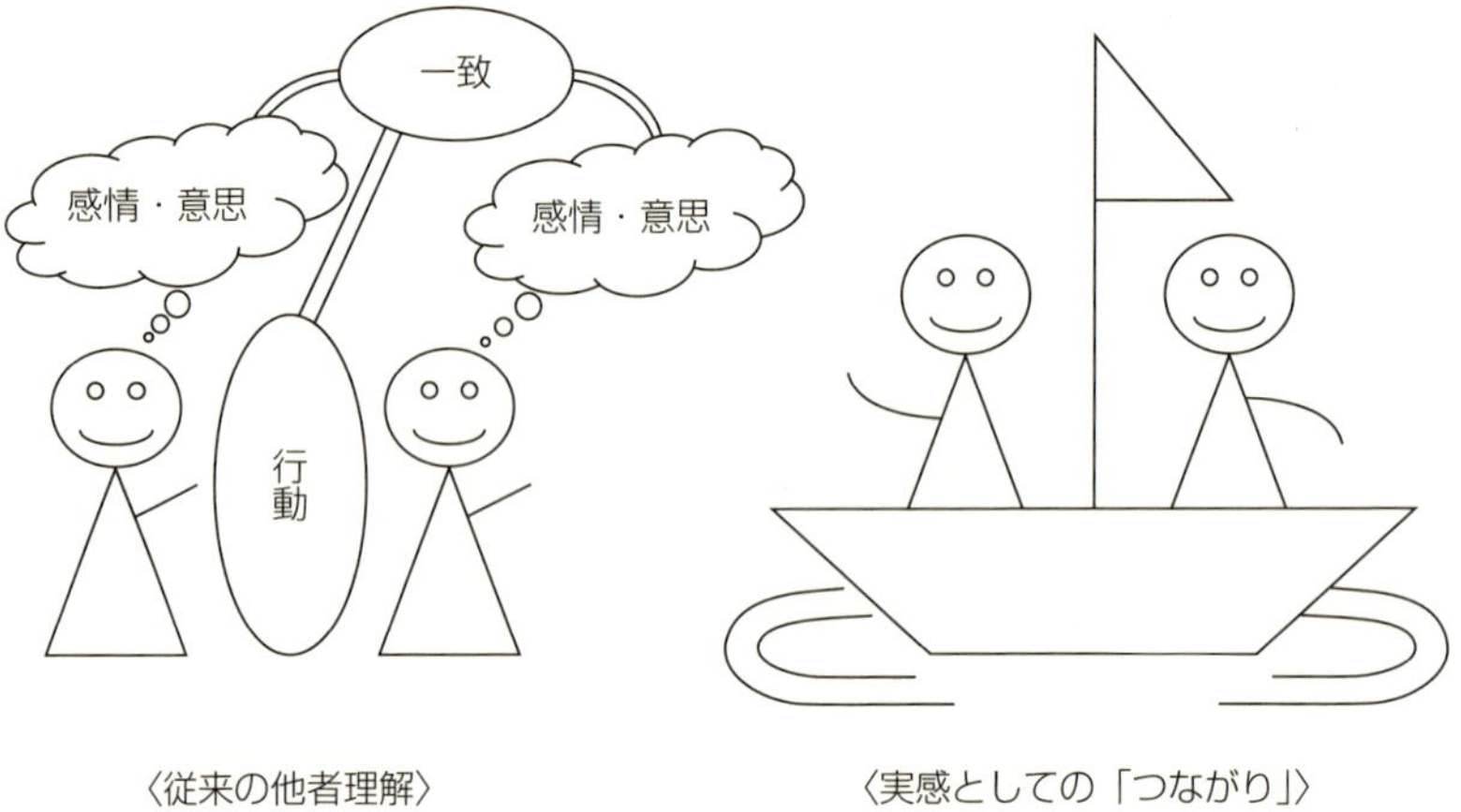

図3　従来の「他者理解」と実感としての「つながり」の違い

との違いを表すとしたら、図3のようになる。

従来重視されてきたのは、左図のように「感情」や「意思」や「行動」や「感じられたもの」の「一致」であった。一方で、本書で明らかにした他者と「共にある」というあり方――「つながり」――は、右図のように「生命の海」に浮かぶ船の上で個々の主体が自由なノエシス的行為を営みながらも、両者が同乗する船に対しては、一つの流れとしてのメタノエシス的作用が働いているという事態である。一つの船に同乗している二人の主体のうちどちらが能動でどちらが受動ということもなく、また両者の行為が外形的に一致しているか否かに関わらず、二人は一緒の方向へ進んでいく。言い換えれば、二者が同じ一つの海を分有することによる「つながり」が、ここに現前している。

こうして見ると、従来の「他者理解＝分かる」と、本書で明らかにした他者と「共にある」というあり方――「つながり」――の決定的な違いは、感情や意思、行動といった他者の部分的要素に注目するか、それとも目の前の他者全体を一人のノエシス的行為者という動的な主体として受け止めていくかという点にあるとも言える。目の前の他者を自らと同じく動的な主体として捉えかかわるためには、私たちの中に根深く浸透している、ものごとをノエマ化して捉えようとする傾向についてあらためて自省しなくてはならない。上で行った「目に見えるものの対象化」についての議論と重複する部分もあるが、次項では、このことについて再度論じる。

2　表象化した理解への抵抗

目の前の他者をノエシス的行為者として受け止めること

従来の心理学は、本来それ以上細分化できないはずの〈私―世界―他者〉系を生きる一人の人間主体――世界や他者と絡み合いつつノエシス的行為を紡ぎだす身体としての主体――を、単なる感情や意思、行動といった部分的側面の集合体――一つのノエマ的表象――として捉えてきた。これに対して、本書では繰り返し「ノエシス的行為者としての身体」へ回帰する必要性を訴え、ノエマ的な何かの「一致」とは違った意味で、「つながり」の実感が生じてくることを明らかにしてきた。「ノエシス的行為者としての身体」へ立ち還るということは、言い換えれば、目の前に存在する他者をもう一人のノエシス的行為者として受け止めることである。しかし、これは当たり前のことのようでありながら実は難しいのではないだろうか。

たとえば、第2章にも挙げた父の闘病時に出会った二人の医師について思い起こそう。この二人の父や私たち家族へのかかわり方には、目の前の他者をどのように捉えているかの違いが如実に現れていた。内科の医師は、徹底して、父のことをその病名の付いた患者一般（の中の一例）として見ていた。まるで父の存在がその病名に置き換えられたかのように感じられる接し方であった。一方で、普通に考えたら疼痛への効果も定かではない里芋シップに包帯を一緒に巻いてくれた整形外科の医師は、父を一人の人間として、つまりこれまで長く生きてきた歴史を背負い、今、病気と向き合い闘おうとしている者として接してくれていた。そのあり方は一貫して、私たち家族とまさに同じ船に同乗してくれていると感じられるかかわりであった。

この二人の違いは何だろうかと考えたとき、それは目の前の父を、患っている病名と「一致」するノエマ的表象として見ているか、それとも他の誰とも異なる一人のノエシス的行為者として見ているか、ということになるだろう。父の闘病時、私は内科の医師のこうした見方に立った父や家族への接し方に対して、暖簾に腕押しのような手応えのなさを感じ続け、最後まで「つながり」のきっかけすら感じることができないままであった。この二人の医師との出会いは、他者をいわば物と同じようにノエマ化・対象化して見るか、それとも自分と同等のノエシス的行為者として受け止めるかによって、そこに築かれる関係性が変わってくることを知らしめるものとなった。

「分からなさ」が募るときに陥りやすい見方

しかし、この内科の医師の他者の見方に違和感を覚えていた私自身も、実際には目の前の他者をその者ならではの志向性を有した動的な主体としてではなく、言わば「○○な人」というようにある一つのノエマ化された表象に還元して見てしまっていることがある。自らのノエシス的行為者としての身体の存在を忘却し、「頭」で他者を分かったつもりになり、その理解に基づいてかかわってしまっているのである。他者とのかかわりの基盤としての身体の存在に回帰させられた父との闘病生活から時を経れば経るほど、いつのまにか身体の存在が希薄化し、再びノエマ的な次元でのかかわりに陥りやすくなっていった。そのことに気づくたびに、人がいかに自らの身体で感じていることに疎くなりやすいかを思い知らされた。

たとえば、父との闘病生活の数年後に通うことになった保育の場で出会ったSちゃんに対して、「思い通りにならないとすぐに手をだしてしまう子」というように、知らぬ間に自らの内にノエマ化・表象化した像を持ってしまっていたのも、その一例である。こうした表象化は、自分の中にその他者に対する「分からなさ」が募るときに行ってしまっているようである。自分の中でかかわる上での何かしらの手がかりが欲しいからだろうか。目の前の他者をノエシス的行為者として見ずにかかわってしまっては、「つながり」は形成されない。ノエマ的表象として眼前の他者を見てしまうことは、私たちを自らの身体で感受していることに鈍感にさせるだけでなく、その者のノエシス的行為主体としての生き生きとしたありようから目を背けさせることになる。これでは、人を物のように見ることと変わらなくなってしまう。内科の医師の言動に私たちが感じた違和感とは、そのような意味で「物と変わらぬ存在として」見られたことへの違和感であり、私はそのような人の見方が蔓延している現代医療、あるいは現代社会に、大きな危惧を抱いている。

安易な表象化による理解への自覚

これに関連して立木は、精神療法の世界においても、近年、物理的には存在しないがために捉えにくい「精神」や「心」といったものを排除し、脳内の物理過程に介入することによる療法が大きな地位を築いている現状を憂慮している。(8) そこには個々の人間が背負ってきた来歴や固有の生の意味といったものが介在しない。(8) 立木は人間がそうした固有性をもった存在であることを軽視する近年の社会構造の中で増えてきた人間像を、〝ネオ主体〟と呼び、〝「デジタルな理解」に余るものは、すべてネオ主体の敵なのだ〟と指摘している(8)。

「デジタルな理解」とは、効率性が良い一方で、本来動的な主体の固有性を排除した理解である。他者と「共にある」というあり方——「つながり」——は、言うまでもなくこの「デジタルな理解」とは正反対のものである。私自身そうであるように、ともすれば動的な主体の生き生きしたありようを受け流し、「分かりやすい」、「効率の良い」見方で他者を見てしまいがちであるが、他者と本当の意味で「つながり」、関係を形成していくためには、安易な表象化による理解をしていないかどうか、常に自覚的でなければならないだろう。

私が他者を「理解」するのではない。自らが一方的に「理解」を為す能動の主体としてのみ存在しているという感覚を捨て、小澤の生命の海のイメージのように、他者と絡み合いながら能動の位相や受動の位相を生きること。生命の海を分有する網の「むすぼれ」としての身体に回帰するとき、人と人、人と世界とは切り分けられてあるのではないという根源的な事実——「つながり」——が、あらためて実感されるのだと思う。

第4節　よりさまざまなあり方の「つながり」
——今後の課題・展望

最後にこれからの課題・展望を挙げておきたい。

まず、本書で「つながり」の内実を明らかにすべく挙げた事例は、すべて私と園児、私と実父といった一対一の関係性におけるものであった。さまざまな「つながり」のあり方を明らかにするための第一歩として、この最小単位の「つながり」について議論しておくことは不可避である。しかし一方で、社会においては、いろいろな立場の人が一つのことを成し遂げようとするネットワーク内での「つながり」、すなわち一対一ではない多くの人々同士の「つながり」が求められる場面が多いのも事実である。

保育との関連で言えば、たとえば子育て支援ネットワークもその一つである。保育所の待機児童のみならず、小学校以降の放課後に必要となる学童保育の待機児童も増え続けており[9]、今日の子育てには親のみならず多くの立場の人々がそこにかかわり、互いに「つながる」ことが必要となってくる。支援者は当然、さまざまな考え方、ものの捉え方、感じ方の人とかかわり合いながら支援を進めていかねばならない。そうした状況の中で、子どもの育ちを支える生きた「つながり」を、いかに形成できるのだろうか。

このように、多人数の人々同士の「つながり」のためにどんなことが必要なのかについては、本書ではほとんど議論できていない。これが本書では果たせなかった一つ目の課題である。

またもう一点、他者と物理的に「共にいない」ときの他者との「つながり」についての問題がある。序章でも指摘したように、現在、さまざまなコミュニケーション媒体が発展してくる中、人々はむしろこれまでになく強く他者と「つながる」ことを求めているかのようである。いつでも誰とでも連絡が取れるようになった高度情報社会の中でのそうしたありようはまさに、自らの身体の実感として他者と「つながった」という感覚に飢えていることの表れのように感じられてならない。このような状況は、「つながり」とは何かという問いに加えて、もう一つの疑問を私にもたらす。

それは、「一人である」ことの体験の意味である。表面的にせよいろいろな人といつでも、どこでもかかわることが可能になった中で、「一人である」ということを人々はどのように体験しているのだろうか。これは非常に難しい問いであるが、第7章の事例で挙げたTちゃんのような子を思い起こすと、他者とのかかわり方の内に、その人にとっての「一人である」ことの体験の意味も見えてくる気もする。そこにこの問題を明らかにする糸口があるのではないだろうか。というのは、Tちゃんとのお手紙のやりとりからは、他者との「つながり」の実感が持ちにくい場合、「一人である」状態が本当に「一人である」という感覚をもたらしてしまっているのではないか、他者と物理的に手をつないだり、隣にいたりしないことには、常に「一人である」という感覚に陥ってしまう不安感に囚われるのではないか、と思わされたからである。

本書は、ノエシス的行為者としての身体に焦点を当てて「つながり」の内実を明らかにするものであったが、その他者との「つながり」がいかに内在化されているかによって、「一人である」ことの体験の意味は異なってくるのではないだろうか。他者と「共にある」というあり方――「つながり」――を一定程度明らかにした今、他者と「共にいない」ときにも「つながり」を実感し続けるためには何が必要なのか、という問題についても今後考えていきたい。

最後に、本書で明らかにした実感としての「つながり」は、一方が能動的に相手を「理解」することによって得られるものではなかった。「育てる者―育てられる者」「教える者―教えられる者」「診る者―診られる者」というように、人が何らかの役割をもって他者にかかわることが求められる保育、教育、病院臨床などの現場においては、本書で明らかにした「つながり」のあり方は、一助となりうるのではないだろうか。私がTちゃんを「分かろう」「知ろう」としたように、こうした現場では自らの役割への意識から、ともすれば能動的（一方的）な「理解」に基づいて相手にかかわってしまいがちである。そのようなあり方に陥ってしまっては、本当の意味での他者との「あいだ」は開かれてこない。

むしろ、こうした諸領域でこそ、本書で明らかにしたような身体への回帰が、今一度必要となると言えよう。こうした諸領域を広く「ケア」の場と捉えるならば、「ケア」の場でのかかわりは、〝対等な出会い〟(10)であることを自覚し直さねばならない。私たちはどうしても感受する身体を置き去りにして、能動的位相においてのみ振る舞ってしまいがちであるが、そんなときこそ他者と「同じ一つの海を分有して存在する」ことを忘れずにいたいものである。

研究者として、あるいは日々を生きる生活者として、他者との「つながり」への問いは尽きないが、一応、こうした課題と展望を記して閉じることとする。

引用文献

序　章

（1）小澤勲（二〇〇三）痴呆を生きるということ　岩波書店

（2）メルロ＝ポンティ・M　竹内芳郎・小木貞孝（訳）（一九六七）知覚の現象学一　みすず書房

第1章

（1）澤田瑞也（一九九二）共感の心理学――そのメカニズムと発達　世界思想社

（2）デイヴィス・M・H　菊池章夫（訳）（一九九九）共感の社会心理学　川島書店

（3）登張真稲（二〇〇〇）多次元的視点に基づく共感性研究の展望　性格心理学研究、第九巻第一号、三六－五一頁

（4）Stotland, E., & Dunn, R. E. (1963). Empathy, self-esteem, and birth order. *Journal of Abnormal and Social Psychology*, **66**, 532–540.
Stotland, E. (1969). Exploratory investigations of empathy. In L. Berkowitz (Ed.), *Advances in experimental social psychology*, Vol. 4. Academic Press. pp. 271–314.

（5）Premack, D., & Woodruff, G. (1978). Does the chimpanzee have a theory of mind? *The Behavioral and Brain Sciences*, **1**, 515–526.

（6）Hoffman, M. L. (1978). Psychological and biological perspectives on altruism. *International Journal of Behavioral Development*, **1**, 323–339.
Hoffman, M. L. (1984). Interaction of affect and cognition in empathy. In C. E. Izard, J. Kagan & R. B. Zajonc (Eds)., *Emotions, cognition, and behavior*. Cambiridge University Press.

（7）Davis, M. H. (1980). A multidimensional approach to individual differences in empathy. *Catalog of Selected Documents*, **10**, 85.

（8）　Staub, E. (1987). Commentary on Part 1. In N. Eisenberg & J. Strayer (Eds.), *Empathy and its development.* Cambridge University Press. pp. 103–115.

（9）　長谷川真理・堀内由樹子・鈴木佳苗・佐渡真紀子・坂元章　（二〇〇九）　児童用多次元的共感性尺度の信頼性・妥当性の検討　パーソナリティ研究、第一七巻第三号、三〇七‐三一〇頁

（10）　鈴木有美・木野和代　（二〇〇八）　多元的共感性尺度（ＭＥＳ）の作成——自己指向・他者指向の弁別に焦点を当てて　教育心理学研究、第五六巻、四八七‐四九七頁

（11）　村上達也・西村多久磨・櫻井茂男　（二〇一四）　小中学生における共感性と向社会的行動および攻撃行動の関連——子ども用認知・感情共感性尺度の信頼性・妥当性の検討　発達心理学研究、第二五巻第四号、三九九‐四一一頁

（12）　櫻井茂男・葉山大地・鈴木高志・倉住友恵・荻原俊彦・鈴木みゆき・大内晶子・及川千都子　（二〇一一）　他者のポジティブ感情への共感的感情反応と向社会的行動・攻撃行動との関係　心理学研究、第八二巻第二号、一二三‐一三一頁

（13）　植村みゆき・荻原俊彦・及川千都子　（二〇〇八）　共感性と向社会的行動との関連の検討——共感性プロセス尺度を用いて　筑波大学心理学研究、第三六号、四九‐五六頁

（14）　登張真稲　（二〇〇三）　青年期の共感性の発達——多次元的視点による検討　発達心理学研究、第一四巻第二号、一三六‐一四八頁

（15）　浅川潔司・松岡砂織　（一九八七）　児童期の共感性に関する発達的研究　教育心理学研究、第三五巻第三号、二三一‐二四〇頁

（16）　小島もも子　（二〇一三）　父母の受容的態度が青年期の社会的スキル・共感性・学校適応感に及ぼす影響　臨床発達心理学研究、第一二巻、一五‐二五頁

（17）　宮越裕子　（二〇〇五）　愛着スタイルと大学生の心理特性との関連——内的作業モデルが共感性や自己開示に与える影響について　武庫川女子大学発達臨床心理学研究所紀要、第七号、二〇七‐二一三頁

（18）　鈴木有美・木野和代　（二〇一五）　社会的スキルおよび共感反応の指向性からみた大学生のウェルビーイング　実験社会心理学研究、第五四巻第二号、一二五‐一三三頁

(19) マルコ・I　塩澤通緒（訳）（二〇一一）ミラーニューロンの発見――「物まね細胞」が明かす驚きの脳科学　早川書房
(20) Feshbach, N., & Roe, K. (1968). Empathy in six and seven-year-olds. *Child Development*, **39**, 133-145.
(21) Ekman, P. (1971). Universals and cultural differences in facial expressions of emotions. In J. K. Cole (Ed.), *Nebraska Symposium on motivation*, Vol. 19. University of Nebraska Press.
(22) Izard, C. E., & Dougherty, L. M. (1982). Two complementary systems for measuring facial expressions in infants and children. In C. E. Izard (Ed.), *Measuring emotions in infants and children*. Cambridge University Press.
(23) Craig, K. D. (1968). Physiological arousal as function of imagined, vicarious, and direct stress experiences. *Journal of Abnormal Psychology*, **73**, 513-520.
(24) Krebs, D. L. (1975). Empathy and altruism. *Journal of Personality and Social Psychology*, **32**, 1134-1146.
(25) Mehrabian, A., & Epstein, N. (1972). A measure of emotional empathy. *Journal of Personality*, **40**(4), 525-543.
(26) 加藤隆勝・高木秀明（一九八〇）青年期における情動的共感性の特質　筑波大学心理学研究、第二号、三三－四二頁
(27) Bryant, B. K. (1982). An index of empathy for children and adolescents. *Child Development*, **53**, 413-425.
(28) Stotland, E., Sherman, S. E., & Shaver, K. G. (1971). *Empathy and birth order*. University of Nebraska Press.
(29) オーンスタイン・P・H（編）伊藤洸（監訳）（一九八七）コフート入門――自己の探究　現代精神分析叢書第Ⅱ期第一四巻　岩崎学術出版社
(30) ストロロウ・R・D／ブランチャフ・B／アトウッド・G・E　丸田俊彦（訳）（一九九五）間主観的アプローチ　岩崎学術出版社
(31) バースキー・P／ハグランド・P　丸田俊彦（監訳）（二〇〇四）間主観的アプローチ臨床入門――意味了解の共同作業　岩崎学術出版社
(32) 丸田俊彦（一九九二）コフート理論とその周辺――自己心理学をめぐって　岩崎学術出版社
(33) 丸田俊彦（二〇〇〇）知的洞察vs.情緒的絆　精神分析研究、第四四巻第一号、一七－二七頁
(34) コフート・H　本城秀次・笠原嘉（監訳）（一九九五）自己の治癒　みすず書房

(35) サリヴァン・H・S　中井久夫・宮崎隆吉・高木敬三・鑪幹八郎（訳）（一九九〇）精神医学は対人関係論である　みすず書房
(36) 成田善弘・氏原寛（一九九九）共感と解釈――続・臨床の現場から　人文書院
(37) スターン・D・N（一九八五）小此木啓吾他（訳）（一九八九）乳児の対人世界　岩崎学術出版社
(38) ビービー・B／ノブローチ・S／ラスティン・J／ソーター・D　丸田俊彦（監訳）（二〇〇八）乳児研究から大人の精神療法へ――間主観性さまざま　岩崎学術出版社
(39) Meltzoff, A. N. (2007). 'Like me': A foundation for social cognition. *Developmental Science*, **10**(1), 126-134.
(40) リゾラッティ・G／シニガリヤ・C　柴田裕之（訳）（二〇〇九）ミラーニューロン　紀伊國屋書店
(41) 鯨岡峻（一九八六）母子関係と間主観性の問題　心理学評論、第二九巻、五〇六-五二九頁
(42) 大倉得史（二〇一一）育てる者への発達心理学――関係発達論入門　ナカニシヤ出版
(43) 鷲田清一（二〇〇三）メルロ＝ポンティ――可逆性　講談社
(44) 鯨岡峻（二〇〇六）ひとがひとをわかるということ――間主観性と相互主体性　ミネルヴァ書房
(45) 鯨岡峻（一九九七）原初的コミュニケーションの諸相　ミネルヴァ書房
(46) 西村ユミ（二〇一四）看護師たちの現象学――協働実践の現場から　青土社
(47) 西村ユミ（二〇一三）看護ケアと臨床哲学　現代思想、二〇一三年八月号、三八-六一頁
(48) 森岡正芳（二〇一五）ナラティヴとは　森岡正芳（編著）臨床ナラティヴアプローチ　ミネルヴァ書房　三一-一七頁

第2章

(1) スターン・D・N　小此木啓吾・丸田俊彦（監訳）（一九八九）乳児の対人世界　岩崎学術出版社
(2) メルロ＝ポンティ・M　滝浦静雄・木田元（訳）（一九六六）眼と精神　みすず書房
(3) 木村敏（二〇〇五）あいだ　ちくま学芸文庫
(4) チャーマーズ・D・J　林一（訳）（二〇〇一）意識する心――脳と精神の根本理論を求めて　白揚社
(5) 木村敏（一九八三）自分ということ　第三文明社

第Ⅱ部扉裏
(1) メルロ＝ポンティ・M 滝浦静雄・木田元(訳)(一九六六) 眼と精神 みすず書房

第3章
(1) メルロ＝ポンティ・M 竹内芳郎・木田元・宮本忠雄(訳)(一九七四) 知覚の現象学二 みすず書房
(2) 野家啓一 (二〇一〇) 哲学とは何か――科学と哲学のあいだ 日本の哲学、第一一号、八―二二頁
(3) サトウタツヤ (二〇一二) 方法としての心理学史――心理学を語り直す 新曜社
(4) メルロ＝ポンティ・M 滝浦静雄・木田元(訳)(一九六六) 眼と精神 みすず書房
(5) 木村敏 (一九八三) 自分ということ 第三文明社
(6) 中村雄二郎 (一九九二) 臨床の知とは何か 岩波書店
(7) やまだようこ・麻生武・サトウタツヤ・能智正博・秋田喜代美・矢守克也(編)(二〇一三) 質的心理学ハンドブック 新曜社
(8) 大倉得史 (二〇〇五) 個別事例の「一般性」をめぐる考察――新たな質的心理学のために 九州国際大学教養研究、第一二巻第二号、一七―四二頁
(9) 子安増生 (二〇〇六) 幼児教育の現場におけるパーティシペーション 心理学評論、第四九巻第三号、四一九―四三〇頁
(10) 森岡正芳 (二〇〇二) 生命・体験・行為――ゲーテを源泉とする心理学 モルフォロギア、第二四号、一〇八―一二〇頁
(11) 遠藤野ゆり・中田基昭 (二〇〇七) 学級集団における友人関係についての現象学的考察――他者経験の重層性の観点から 教育方法学研究、第三三巻、一八一―一九二頁
(12) ナミン・リー (二〇〇九) 現象学と質的研究の方法 死生学研究、第一二号、八―三四頁
(13) 佐久川肇(編)(二〇〇九) 質的研究のための現象学入門――対人支援の「意味」をわかりたい人へ 医学書院
(14) 西村ユミ・松葉祥一 (二〇一〇) 看護における「現象学的研究」の模索 現代思想、二〇一〇年一〇月号、五九―七七頁

第4章

(1) 河野哲也 (二〇一一) 心理学のテーマとしての身体 質的心理学フォーラム、第三巻、二〇‐二八頁
(2) 上淵寿 (二〇一一) 実践としての身体と実践としての身体の無視 質的心理学フォーラム、第三巻、一四‐一九頁
(3) 子安増生・大平秀樹(編) (二〇一一) ミラーニューロンと〈心の理論〉 新曜社
(4) 鯨岡峻 (二〇〇五) エピソード記述入門――実践と質的研究のために 東京大学出版会
(5) メルロ＝ポンティ・M 滝浦静雄・木田元(訳) (一九六六) 眼と精神 みすず書房
(6) 清水民子・高橋登・西川由紀子・木下孝司(編) (二〇〇六) 保育実践と発達研究が出会うとき かもがわ出版
(7) 森岡正芳 (二〇〇七) 現場から理論をどう立ち上げるか――心理臨床の理論からの学び 臨床心理学、第七巻第一号、一八‐二三頁
(8) 鯨岡峻・鯨岡和子 (二〇〇九) エピソード記述で保育を描く ミネルヴァ書房
(9) 宇田川久美子 (二〇〇五) 自閉傾向のある子どもとのコミュニケーション的場を広げる――〝真似ること〟の役割とその意義 保育学研究、第四三巻第一号、二七‐三八頁
(10) 恒川直樹 (二〇〇五) 保育の場で生きられた遊びの意味を問う試み――ある女の子との遊びと関係変容の事例から 保育学研究、第四三巻第二号、八‐二〇頁
(11) 大塚類 (二〇〇六) 他者関係を能動的に生きるということ――児童養護施設で暮らす或る子どもの意識の相互主観性理論に基づく解明 保育学研究、第四四巻第二号、四九‐五九頁
(12) 石野秀明 (二〇〇三) 関与観察者の多様な存在のありよう――保育の場での子どもの「育ち」を捉える可能性を探り当てる試み 発達心理学研究、第一四巻第一号、五一‐六三頁
(13) 吉村香・吉岡晶子 (二〇〇八) 語りの場における保育者と研究者の関係――保育臨床の視点から 保育学研究、第四六巻第二号、一二一‐一二一頁
(14) 三谷大紀 (二〇〇四) 保育を見る「まなざし」の変容の分析――フィールド・ノーツから見られる参与観察者と保育者の間の「対話」の展開 保育学研究、第四二巻第二号、四五‐五八頁
(15) 西垣吉之・山田陽子・西垣直子 (二〇〇四) 保育における育ちをとらえる視点に関する一考察――「つなぐ」行

為から　中部学院大学・中部学院短期大学部研究紀要、第四号、二二三‐三二一頁
(16) 鯨岡峻（一九九六）現象学の視点——生き生きした発達事象に迫る　浜田寿美男（編）発達の理論——明日への系譜　別冊発達、第二〇号　ミネルヴァ書房　一一六‐一三四頁
(17) 鯨岡峻（一九九八）両義性の発達心理学　ミネルヴァ書房
(18) 本田和子（一九九二）異文化としての子ども　ちくま学芸文庫
(19) メルロ＝ポンティ・M　竹内芳郎・木田元・宮本忠雄（訳）（一九七四）知覚の現象学二　みすず書房
(20) 木村敏（一九八三）自分ということ　第三文明社

第5章

(1) 森岡正芳（二〇一三）言葉の臨界　質的心理学フォーラム、第五号、五七‐六三頁
(2) 荒川歩（二〇一三）現場の質感とは何か、そしてその記述を妨げるものは何か　質的心理学フォーラム、第五号、五‐一二頁
(3) 大倉得史（二〇一三）乳児の体験世界に〈他者〉はいつ登場するのか——質感的研究の可能性　質的心理学フォーラム、第五号、一三‐二三頁
(4) 荒川歩・森岡正芳（二〇一二）討論　質的心理学フォーラム、第五巻、六四‐六七頁
(5) メルロ＝ポンティ・M　竹内芳郎・小木貞孝（訳）（一九六七）知覚の現象学一　みすず書房
(6) エリス・C／ボクナー・A（二〇〇六）自己エスノグラフィー・個人的語り・再帰性——研究対象としての研究者　デンジン・N・K／リンカン・Y・S（編）平山満義（監訳）質的研究ハンドブック三巻　北大路書房　一二九‐一六四頁
(7) 綾屋紗月・熊谷晋一郎（二〇〇八）発達障害当事者研究——ゆっくりていねいにつながりたい　医学書院
(8) フリック・U　小田博志・山本則子・春日常・宮地尚子（訳）（二〇〇二）質的研究入門——〈人間の科学〉のための方法論　春秋社
(9) 大倉得史（二〇〇八）語り合う質的心理学——体験に寄り添う知を求めて　ナカニシヤ出版
(10) チャーマーズ・D・J　林一（訳）（二〇〇一）意識する心——脳と精神の根本理論を求めて　白揚社

(11) メルロ＝ポンティ・M　滝浦静雄・木田元（訳）（一九六六）眼と精神　みすず書房
(12) 木村敏（一九七五）分裂病の現象学　弘文堂
(13) 木村敏（一九九四）偶然性の精神病理　岩波書店
(14) 斎藤慶典（二〇〇一）「アクチュアリティ」の／と場所――中村・木村対談に寄せて　中村雄二郎・木村敏（監修）講座・生命　河合文化教育研究所　五九－九〇頁
(15) 鯨岡峻（二〇〇五）エピソード記述入門――実践と質的研究のために　東京大学出版会

第Ⅲ部扉裏

(1) スターン・D・N　小此木啓吾・丸田俊彦（監訳）（一九八九）乳児の対人世界　岩崎学術出版社
(2) 本田和子（一九九二）異文化としての子ども　ちくま学芸文庫
(3) 鯨岡峻（一九八六）母子関係の間主観性の問題　心理学評論、第二九巻、五〇六－五二九頁
(4) 矢野智司（二〇〇六）意味が躍動する生とは何か――遊ぶ子どもの人間学　世織書房
(5) メルロ＝ポンティ・M　竹内芳郎・木田元・宮本忠雄（訳）（一九七四）知覚の現象学二　みすず書房

第6章

(1) 小澤勲（二〇〇三）痴呆を生きるということ　岩波書店
(2) ウェルナー・H　園原太郎（監修）鯨岡峻・浜田寿美男（訳）（一九七六）発達心理学入門　ミネルヴァ書房
(3) 鯨岡峻（一九九七）原初的コミュニケーションの諸相　ミネルヴァ書房
(4) メルロ＝ポンティ・M　竹内芳郎・小木貞孝（訳）（一九六七）知覚の現象学一　みすず書房

第7章

(1) 木曽陽子（二〇一一）「気になる子ども」の保護者との関係における保育士の困り感の変容プロセス　保育学研究、第四九巻第二号、二〇〇－二一一頁
(2) 本郷一夫・飯島典子・平川久美子（二〇一〇）「気になる」幼児の発達の遅れと偏りに関する研究　東北大学大

学院教育学研究科研究年報、第五八巻第二号、一二一‐一三三頁
（3）久保山茂樹・斎藤由美子・西牧謙吾・當島茂登・藤井茂樹・滝川国芳（二〇〇九）「気になる子ども」「気になる保護者」についての保育者の意識と対応に関する調査――幼稚園・保育所への機関支援で踏まえるべき視点の提言　国立特別支援教育総合研究所研究紀要、第三六巻、五五‐七五頁
（4）阿部美穂子（二〇一二）保育士が主体となって取り組む問題解決志向性コンサルテーションが気になる子どもの保育効力感にもたらす効果の検討　保育学研究、第五一巻第三号、三七九‐三九二頁
（5）藤原直子・大野裕史・日上耕司・久保義郎・佐田久真貴・松永美希（二〇一〇）「気になる子」を担任する幼稚園教諭への集団コンサルテーションプログラムの効果　行動療法研究、第三六巻、一五九‐一七三頁
（6）鯨岡峻（二〇一三）なぜエピソード記述なのか――「接面」の心理学のために　東京大学出版会
（7）西村清和（一九八九）遊びの現象学　勁草書房
（8）矢野智司（二〇〇六）意味が躍動する生とは何か――遊ぶ子どもの人間学　世織書房
（9）木村敏（一九八三）自分ということ　第三文明社
（10）木村敏（二〇〇五）あいだ　ちくま学芸文庫

第8章
（1）野家啓一（二〇〇五）物語の哲学　岩波書店
（2）森岡正芳（二〇〇五）うつし――臨床の詩学　みすず書房
（3）竹内敏晴（一九九〇）断想――からだ・こころ・ことば　人間性心理学研究、第八号、二七‐三三頁

終　章
（1）鯨岡峻（二〇一三）なぜエピソード記述なのか――「接面」の心理学のために　東京大学出版会
（2）西村ユミ（二〇一三）看護ケアと臨床哲学　特集　看護のチカラ　現代思想、二〇一三年八月号、三八‐六一頁
（3）木村敏（二〇一三）看護ケアと臨床哲学　特集　看護のチカラ　現代思想、二〇一三年八月号、三八‐六一頁
（4）中田基昭（二〇一一）表情の感受性――日常生活の現象学への誘い　東京大学出版会

（5）勝浦眞仁（二〇一一）相貌性を知覚するアスペルガー症候群生徒の一事例——知覚共有体験から生まれた理解と援助　国立特別支援教育総合研究所研究紀要、第三八巻、八三－九四頁
（6）木村敏（二〇一四）あいだと生命　創元社
（7）小澤勲（二〇〇三）痴呆を生きるということ　岩波書店
（8）立木康介（二〇一三）露出せよ、と現代文明は言う——「心の闇」の喪失と精神分析　河出書房新社
（9）厚生労働省（二〇一四）平成二六年放課後児童健全育成事業（放課後児童クラブ）の実施状況　http://www.mhlw.go.jp/file/04-Houdouhappyou-11906000-Koyoukintoujidoukateikyoku-Ikuseikankyouka/0000064488.pdf（2016年1月閲覧）
（10）ノディングズ・N　立山善康・林泰成・清水重樹・宮﨑宏志・新茂之（訳）（一九九七）ケアリング　晃洋書房

あとがき

本書は、京都大学大学院人間・環境学研究科に提出した学位論文「実感としての他者とのつながり」を加筆修正してまとめたものです。

学部時代の恩師である森岡正芳先生には、卒業後も折に触れて、私の未だ明確に言語化できない状態の研究についていても耳を傾け、励ましていただきました。心からお礼申し上げます。学部時代、先生が授業で、人を個として見るのではなく、「人と人」、この「と」が作り出す関係性として見ることが重要である、と話された講義は私にとって今でも記憶に残るもので、思えば先生のこの講義が私の研究のスタートラインだったかもしれません。そして同じく先生の授業の中で、鯨岡峻先生のお名前を挙げられ、現象を記述し本質を探ろうとする研究もあることを耳にしたことが、鯨岡研究室の門をたたくきっかけとなりました。

修士課程で在籍させていただいた鯨岡研究室は、独特の厳しさ、温かさがあり、一〇年以上経た今では懐かしく思い出されますが、鯨岡先生の両義性の関係発達の理論や、エピソード記述という生身の人間の営みと研究を結びつける方法論と出合うことがなかったら、私の研究はまとめることができなかったと思います。発表者の取り上げる一つひとつの事象について、なぜそのように見えたのか、そもそもなぜこの事象を取り上げたのか、ということを徹底的に問われたゼミは、「研究者としてどう研究をまとめるのか」の範疇を超え、「与えられた状況の中で一人の人間としてどう在るべきなのか」について考えることを促されるものでした。一生活者としての私と研究というものとのこの関係性は、「実感」と乖離しない知を求める私にとっては非常に重要であり、先生の下だからこそ学べたことであると感謝しています。

恩師の二人である鯨岡先生と森岡先生には本書の推薦文と帯の文章を書いていただきました。身に余る光栄に心から感謝申し上げます。

そして、直接博士論文執筆をご指導いただいた大倉得史先生には、緻密に議論を組み立てるための準備の大切さから、自らの概念を創出するために必要な議論など、研究者として論文をまとめる上で重要なことを本当に丁寧にご指導いただきました。また、筆の進みが遅く、なかなか表現しきれていないことにも辛抱強くご指導いただきましたことに、心からお礼申し上げます。

次に、保育園で出会った子どもたちや先生方、保護者の方々に感謝の気持ちを捧げたいと思います。本文中に出てくる子どもたちとの出会いは、私にとって貴重なものとなりました。また、保護者の皆さんや保育者の先生方にも大変お世話になりました。現場のみならず退園後、ときどきご一緒させていただいたお食事の席でも、現場の難しさや子どもを育てることの難しさを聴く機会をいただけたことは大変勉強になりました。心よりお礼申し上げます。

最後に、これまで長きにわたり、博士論文執筆生活を見守ってくれた母、妹にあらためて感謝の気持ちを伝えたいと思います。博士課程進学と同時に就職したことは、職場での仕事と自らの研究活動の両立という点で不器用な私にとって非常に困難な道であったと思います。遅々として進まない博論執筆でたくさんの心配をかけました。また、私の研究のテーマである「つながり」への問いの出発点となった亡き父も、常に博論執筆の傍らにいました。修士課程一年を終えた後看病で休学した際のある日、父を病院へ送る車を運転しながらいろいろなことの先行きへの不安感から私が吐いた弱音に、「真樹なら大丈夫だ」と言ってくれた言葉は、その後私が行き詰まったどのようなときも大きな心の支えになりました。ここにあらためてお礼の言葉を記し感謝を捧げます。

また、ミネルヴァ書房の吉岡さんが博論を面白いと評価してくださったことが大変心強く、出版まで前進することができました。本当にありがとうございました。

目に見えない「つながり」が重要であると本書でも書きましたが、まさに目に見えない多くの「つながり」を感じながら、それに支えられて本書を書き上げることができました。これまでの多くの出会いや身近な人々の支えに今一度感謝申し上げます。

二〇一九年二月

藤井真樹

ま　行

や・ら・わ行

た　行

な　行

は　行

索　引

（＊は人名）

あ　行

か　行

さ　行

《著者紹介》

藤井真樹（ふじい・まき）

1978年　生まれ

2017年　京都大学大学院人間・環境学研究科共生人間学専攻博士課程修了　博士（人間・環境学）

現　在　名古屋学芸大学ヒューマンケア学部講師

論　文　「共感を支える『共にある』という地平」『質的心理学研究』第11号，2012年

「子どもの体験としての『遊び』を探る」『発達』第132号，2012年　ほか多数

他者と「共にある」とはどういうことか

——実感としての「つながり」——

2019年９月10日　初版第１刷発行　〈検印省略〉

定価はカバーに
表示しています

著　者　藤　井　真　樹

発行者　杉　田　啓　三

印刷者　坂　本　喜　杏

発行所　株式会社　ミネルヴァ書房

607-8494　京都市山科区日ノ岡堤谷町１

電話代表　（075）581-5191

振替口座　01020-0-8076

冨山房インターナショナル・藤沢製本

ISBN 978-4-623-08582-8

Printed in Japan